담담한 염세주의자

일러두기

1. 본문의 괄호 안 설명은 저자의 글이다.
2. 각주는 저자와 옮긴이 주이며, 옮긴이 주는 별도로 표기했다.
3. 편, 곡, 강은 〈 〉로 표기했다.

WHAT WE TALK ABOUT WHEN WE TALK ABOUT CHUANGTZU(厭世講堂)
by Cynical Philosopher(厭世哲學家)

흔들리는 세상에서 나를 지키는 마지막 태도

당당한

厭世講堂

염세주의자

염세철학가厭世哲學家 지음
차혜정 옮김

나무의철학

프롤로그

세상을 꿰뚫어보는 가장 강력한 통찰, 염세

전혀 다른 세대가 등장했다

몇 년 전, 내 페이스북의 '염세 시리즈'라는 페이지가 큰 인기를 끌었다. 세상에 분노하고 삶을 지겨워하는 부정적인 글이 이 페이지에 올라오기 시작하면서 젊은 네티즌들로부터 뜨거운 호응을 얻은 것이다. (물론 대다수 글에는 유머가 많이 섞여 있었다.) 많은 이들이 이 글들을 읽으며 지금 젊은 세대의 심정을 대변해준다고 크게 공감했다.

오늘날 꿈, 노력, 미래, 창조 같은 긍정적 키워드는 더 이상 사람들에게 좋은 의미로 기억되지 않는다. 대신 '쓸모없음, 당장, 포기' 같은 즉각적이고 부정적인 키워드들이 그 자리를 채우고 있다. 필자 개인적으로는 지금의 젊은 세대들이 왜 노력하면서 살아야 하는지 동기 부여를 받지 못한다는 인상을 받는다. 미래를 긍정하거나 앞으로 잘 될 거라고 희망을 갖기보다, 지금 당장 눈앞의 '소확행'을 추구하는 것 같다. 대만 언론들은 이들을 '염세대'라는 새로운 호칭으로 정의한다.

이른바 '염세철학가'인 나는 염세주의를 선호한다. 그런데 내가 말하는 염세는 젊은 세대가 말하는 시니컬한 라이프스타일이 아니다. 나의 염세 성향은 어릴 때부터 두드러졌는데, 나는 어린 시절부터 세상을 살아가는 일이 무척 고독하다고 느꼈다. 다시 말해 나의 염세는 일시적인 기분이나 느낌이 아니라 내 삶의 기조라 할 수 있다.

세상이 정상적으로 굴러가려면 '기쁨, 희망, 아름다움' 같은 가치들이 윤활유로 동원되어야 한다. 또한 모든 사람이 저마다 작은 나사가 되어 세상이 요구하는 자리에서 밤낮없이 달려야 한다. 그렇지 않으면 사회는 더 이상 유지되지 않을 것이고, 머지않아 산산조각 나고 말 것이다.

이런 세상에서 남다른 방식으로 사고하는 사람은 살아가기가 매우 힘들다. 무엇을 보고 어떤 점을 의식하든 모른 척, 아무렇지 않은 척, 나와는 상관없는 척해야 하기 때문이다. 자칫하면 주변 사람들에게 '이상한 사람'이라고 낙인 찍히기 십상이다.

나는 성인이 된 후 다양한 동서양 철학을 접하고 많은 책을 읽으면서, 이런 고민을 하는 사람이 나 혼자만이 아니라는 사실을 알게 되었다. 나와 같은 문제로 고민하고, 내가 그랬던 것처럼 현실에서 이상한 현상을 감지하고, 그 문제에 대해 설득력 있는 해석을 제시하는 철학자들이 이렇게나 많았다는 생각에 큰 위안을 받았다.

그때 생각했다. 수백 년 전의 철학자들은 이런 고민에 어떤 해답을 제시했는지 알 수 있다면 세상을 더 잘 이해할 수 있지 않을까? 나 자신의 염세와 고독에서 벗어나 진정한 지혜를 얻을 수 있지 않을까? 생각이 여기까지 미치자 나는 한껏 들떠서 철학을 평생의 화두로 삼겠다고 결심했고, 철학에 몰두하느라 청춘을 보냈다.

세상의 잔혹함을 다시 마주하게 되었을 때는 오랜 세월이 지난 후였다. 그런데 그토록 많은 철학서를 읽고 현실을 마주했을 때도 나는 여전히 염세적이었다. 당시 친구들이 내게 물었다. "넌 철학을 공부했다는 애가 왜 그렇게 매사에 부정적이니?" 그들의 질문에 쓴웃음이 절로 나왔다. "철학을 공부했기 때문에 어쩔 수 없이 염세적이 된 거야."

나는 철학자들은 대부분 염세주의자라고 생각한다. 보통 사람들과 다른 점이 있다면 그들이 염세를 보는 관점이다. 보통 사람들이 느끼는 염세는 일종의 정서에 불과하다. 사람들이 어떤 상황을 표면적으로 보고 경험할 때, 그것이 불쾌한 감정을 불러오면 '염세적이 된다'고 말한다. 반면 철학자들의 염세는 '세상 전반을 꿰뚫어보는 통찰'이다. 철학자들은 우주의 이치를 깊이 이해하고 세상이 돌아가는 원칙을 알며, 이를 인간의 힘으로는 바꿀 수 없다고 생각한다. (물론 철학자들은 세상을 변화시킬 방법을 제시하려고 노력하지만, 가능한지에 대해서는 사람마다 견해가 다르다.)

철학자들이 말하는 염세는 일시적인 기분 상태가 아니라 끝없는 지겨움과 권태, 그리고 무기력함이다. 염세대의 등장은 사회 전체가 매우 특수한 단계에 진입했음을 뜻한다. '긍정의 힘'은 더 이상 사람들로부터 공감을 얻지 못하고, 사람들은 자신이 처한 환경에 불합리한 지점이 있으며 자신에게는 그것을 개선할 능력이 없다는 사실을 인정하게 되었다.

불합리하고 부조리한 현실을 변화시킬 수 없다고 느낀다면 꿈, 희망, 미래 따위를 아무리 떠들어도 허황된 구호처럼 들리게 마련이다. 사람들은 이제 삶을 어떻게 꾸려 나가야 할지, 우리의 미래는 과연 어떻게 될지와 같은 근본적인 문제들을 외면할 수 없게 되었다.

염세대의 탄생은 하나의 상징이다. 공자는 "마음속으로 분발하지 않으면 열어주지 않고, 애태우지 않으면 말해주지 않는다(불분불계불비불발不憤不啟不悱不發)"라고 했다. 해결할 수 없는 난제에 맞닥뜨릴 때, 아무리 생각해도 이 어려움을 해결할 방법이 떠오르지 않아 절망에 빠지고 분노가 치솟을 때, 그때야말로 누군가가 나서서 우리를 이끌어줄 수 있다는 의미이다.

염세대인 우리의 눈에 비친 이 세상에는, 도저히 납득할 수 없는 문제가 너무나 많다. 가끔 우리는 이 세상에 절박한 질문을 던지고 싶은 충동을 느낀다. 또 때로는 지금처럼 사는 것이 숙명이라고 믿기도 한다.

어떠한 답도 찾을 수 없을 때 인류의 위대한 염세철학가들을 스승으로 삼아 그들에게 질문을 던져보면 어떨까. 그들은 어쩌다 세상을 미워하게 되었을까? 염세적인 정서를 그들은 어떻게 다스렸을까? 이렇게 질문을 던지다보면 우리도 인생에 대해, 자신이 처한 현실에 대해 좀 더 깊은 깨달음을 얻을 수 있을 것이다.

그렇다. '염세'는 하나의 출발점일 뿐이다. 우리는 이러한 정서를 계기로 지금까지와는 다른 세상을, 가치를 탐색할 수 있다.

●

염세주의는 자포자기가 아니다

염세가 온 나라를 휩쓸 때 놀랍게도 또 하나의 시류가 불어왔다. 이른바 '불계佛系 세대'의 등장이 그것이다.

2017년 말, 인터넷에 올라온 글 한 편이 수많은 네티즌의 시선을 끌었다. '1세대 주링허우는 이미 출가했다'라는 제목으로, 주링허우◆ 젊은이들의 생활방식을 소개하는 글이었다. 가령 이런 식이다. 과거에는 길에서 서로 먼저 택시를 잡으려고 애를 쓰던 모습을 흔히 볼 수 있었지만, 오늘날은 택시 앱을 이용해 내가 있는 곳으로 택시를 부른다. 과거에는 연애를 할 때 뜨겁게 사랑했다가 다투기를 반복하며 있는 정 없는 정을 쌓아갔지만, 오늘날은 서로 조금 안 맞다 싶으면 인연이 아닌가보다 하고 쉽게 헤어진다. 상대가 원한다면 무엇을 하든, 어디를 가든 상관하지 않는다.

불계 세대의 양육 방식을 설명한 '잘난 자식은 많지 않고, 굳이 고생시킬 필요가 없다'라는 글을 보자. 과거에는 자녀가 성공하기를 바라며 어릴 때부터 각종 학원을 보냈지만 불계 세대는 모든 것을 인연에 맡기고 아이가 원하는 길을 스스로 결정하게 한다. 아무 성과를 내지 못해도 신경 쓰지 않는다.

이런 글을 보면 불계란 간단히 말해서 세상에 휘둘리지 않고 굳이 다투거나 서두르지 않는 생활방식이라고 해석할 수 있다. 이긴다는 보장이 없는데 굳이 남들과 경쟁하며 집착할 필요가 없다는 것이다.

이러한 태도는 언뜻 이해가 되지 않는다. 결국 시류에 편승해 될 대로 되라고 자포자기하는 태도가 아닌가? 젊은이들이 모두 불계를 추구한다면 장차 나라의 미래는 얼마나 암담하겠는가! 그래서인지 인터넷에는 이를 둘러싼 설전이 계속되고 있다. 대다수 사람들은 불계란 결코 진정한 자기 자신의 모습으로 산다는 것이 아니라 힘든 현

◆ '1990년대 이후'라는 뜻으로, 경제적으로 부를 이룬 1990년대에 태어난 세대를 일컫는 단어-옮긴이

실에서 도피하려는 부정적 사고방식에 불과하며, 이런 사람들은 결국 자기가 파놓은 함정에 빠질 것이라고 주장한다.

과연 그럴까? 이 문제에 대답하려면 먼저 불계라는 개념이 무엇인지 살펴볼 필요가 있다. '염세'와 '불계'는 서로 다른 가치가 아니며, 오히려 같은 개념의 연장으로 봐야 한다. 염세가 출발지라면 불계는 종착지이다. 염세가 극에 달하면 세상으로부터 초탈하게 된다. 이렇게 되는 것은 염세 자체가 상당히 피곤한 일이기 때문이다. 누군가 염세에 빠졌다면 이는 그 사람이 세상에 기대하는 바가 있음을 의미한다. 그는 단지 세상을 자신이 기대하는 모습으로 바꿀 수 없기에 염세로 기운 것이다. (사실 염세주의자들은 세상에 애착을 갖고 불평하는 사람들이다.) 이와는 달리, 어떤 사람이 이 세상에 아무 기대도 할 수 없고 모든 열정을 잃었을 때 비로소 불계로 돌아서게 된다. 기대가 없으면 상처도 받지 않는 법이니 꽤나 쿨한 인생으로 보인다.

불계의 대표적 인물로 중국 진나라의 대표적 시인인 도연명陶淵明을 들 수 있다. 그는 "비록 사람들과 함께 살지만 그들이 다투는 소리는 나에게 전혀 영향을 미치지 못한다. 내가 이토록 유유자적 살 수 있는 것은 나의 마음이 이곳에 있지 않기 때문이다. 비록 나는 여전히 인간 세상에 살고 있지만 내 마음은 일찌감치 세상을 초탈하여 다른 곳에 가 있다. 나는 이 세상에서 외톨이가 아니라, 나 스스로 이 세상을 따돌린 것이다"라고 말했다. (결려재인경이무차마훤結廬在人境而無車

馬喧 문군하능이심원지자편問君何能爾心遠地自偏, 《음주飮酒》 〈기오其五〉 편)

도연명은 극단적인 염세주의자였다. 그는 《귀거래사歸去來辭》에서 "세상과의 인연을 끊었으니 다시 벼슬길에 나아간들 무엇을 얻겠는가?"라고 말했다. 그는 염세주의자로 출발했으나 결국 세상을 초탈한 이른바 '불계인'이 되어 평생을 자유롭게 살았다.

물론 이러한 생활태도가 모든 문제를 해결해주지는 않는다. 그러나 문제를 축소시켜 내면의 평화를 구할 수 있다. 이런 생활태도가 뭐가 나쁜가? 옛사람들이 불계인이 되어 세인들로부터 고상한 경지에 올랐다는 칭송을 받았던 이유도 여기에 있다. 하지만 현대인이 불계인이 되려면 사람들로부터 소극적이고 무책임하다는 비난을 받아야 한다. 그런 대접을 받을 이유가 없는데 말이다.

●

'세상'과 '인생'을 대하는 자세

현대 사회에서 불계인이 지탄받는 데는 이유가 있다. 외부적 이유로는 거의 모든 지역이 자본주의 시장이 된 상황을 들 수 있다. 시장경제 체제에서 모든 사람은 하나의 상품이며 경쟁력 지상주의를 추구한다. 자신을 고가의 상품으로 발전시키기를 포기한다면 세상 사람들로부터 진취성이 부족하고 퇴폐적이라는 비난을 받을 것이다. 이런 분위기에서 불계인이 설 곳은 없다.

내부적 이유는 보통 사람의 불계 심리가 별다른 노력 없이 현재 상황에서 도피하려는 현상을 들 수 있다. 이러한 자세는 본질에 한참 못 미친다. 진정한 '불'은 현재의 상황에서 탈피하는 것뿐 아니라 속세, 나아가 우주 전체에서 근본적으로 벗어나는 것을 말한다. 좀 더 극단적으로 말하자면 내가 없어진 경지라고 할 수 있다. 내가 없어졌는데 어디에서 그 존재를 찾는단 말인가! 온 세상이 자본주의 시장이라고 해도 나와 무슨 상관이며, 설령 국가가 망한다 한들 나와 무슨 상관이겠는가? 내가 죽는다한들 나와 무슨 상관이겠는가? 수천, 수만 개의 문제가 결국 하나로 귀결된다. 우리가 아직 철저하게 깨닫지 못했다는 사실이다. 애매한 염세에서 철저히 해탈하고 싶다면 먼저 불계에 대해 이해해야 한다.

이른바 불계 심리는 높은 측면에서 말할 수도 있고 낮은 측면에서 말할 수도 있다. 낮은 측면에서 본 불계는 현실에 대한 젊은이들의 도피, 외면, 그리고 앞으로 나아가지 않으려 하는 상황이다. 높은 측면에서 볼 때 불계는 우주의 진면목과 자아에 대한 우리의 인식과 맞닿아 있다. 동서고금을 통해 모든 철학자들이 탐색하는 문제가 바로 불계이다. 이 책에서는 《장자》를 통해 '삶의 자세로서의 불계'를 다뤄보겠다.

왜 장자인가?

여기서 짚고 넘어갈 것이 있다. 불계에 대해 말한다고 해놓고 왜 직접 불교 사상을 설명하지 않고 장자를 통해 설명하고자 했을까? 양의 머리를 걸어놓고 실제로는 개고기를 파는 식이 아닌가?

이는 장자와 불교 사상에 대한 내 개인의 이해에 기인한다. 인도불교와 중국불교는 상당히 차이가 크다. 큰 방향에서 볼 때, 인도불교는 계율과 훈계 등 수행방식을 강조하며 고행의 색채가 짙다. 따라서 생각하는 것만큼 자유자재로 가볍게 배울 수 있는 학문이 아니다. 반면 중국불교는 선종禪宗이 주류가 되어 마음의 집착을 버릴 것을 강조한다. 수행방식도 상당히 자유롭다. 몸을 움직일 수도 있으며 비교적 낭만적이고 예술적인 색채를 띠고 있다. 내가 언급하는 불계는 인연에 순종하고 편안한 생활태도를 강조하는 중국불교에 더 가깝다.

그렇다면 중국불교는 어떻게 해서 다투거나 서두르지 않고 속세에 휘둘리지 않는 불계사상으로 발전했을까? 여기에는《장자》가 매우 결정적인 역할을 했다. 불교는 중국에 들어온 후 꽤 오랫동안 기존 사상과 융합한 끝에 중국인이 보편적으로 받아들일 수 있는 사상 학설이 되었다. 중국불교의 변화 과정에서 유가儒家의 충효절의忠孝節義와 도가道家의 무심무위無心無爲는 매우 많은 영향을 발휘했다. 중국

불교는 유가의 윤리사상과 결합하였기에 사람들에게 선함을 권하고 '불교의 법이 세상의 법과 동떨어지지 않았음'을 강조했으며, 도가의 무위사상과 결합했기에 마음의 집착을 버리는 것을 중시하며 낭만적이고 자유로운 성격을 띠게 되었다.

요컨대 불계가 중요하게 여기는, 다투거나 서두르지 않고 속세에 휘둘리지 않는 삶의 태도는 기본적으로 불교사상과 도가사상이 융합한 결과라 할 수 있다. 여기에《장자》가 가장 크게 기여한 것이다.

《장자》에서 주장하는 '무위'는 인연을 따르고 세상 이치에 순응하라는 가르침이자, 자기 생각을 고집하며 일을 처리해서는 안 된다는 의미를 담고 있다.《장자》는 심지어 생명을 위협하는 상황이 아니라면 평생 사회에 전혀 기여하지 않아도 상관없다고 주장한다.

불교에서는 세상사 모든 것이 환상이나 거품과 같은 것이라고 강조한다. 중국 사람들은 이 말의 의미를 해석하는 데 있어《장자》사상의 영향을 깊게 받았다. 장주몽접莊周夢蝶 이야기는 세상만사가 한바탕 꿈이라면 우리가 걱정할 일이 없다고 말한다. 살아가면서 어려움에 맞닥뜨리면 숙명에 맡기면 된다. 어떤 원망도 필요없다. 하물며 다투거나 서두르는 것이야 더 말할 나위가 있겠는가!

이처럼《장자》야말로 불계 사상의 진정한 시조라는 사실을 알 수 있다. 철저한 불계인이 되고 싶다면 가장 이상적인 방법은《장자》를 따라 삶의 여정을 함께하는 것이다.

지금부터《장자》를 통해 옛 철학자들이 우주, 사회, 인생을 대하는 사고를 짚어보고 장자가 '염세'에서 어떻게 출세出世로 돌아서서 철저한 불계인이 되었는지 살펴볼 것이다.

차례

장자를 공부하면 걱정이 사라질까?

厭 世 講 堂

장자, 시대를 지나치게 앞서갔던 철학자

장자는 혼란스러운 전국시대에 활동했던 제자백가 중 한 명이다. 그의 생애는 알려진 바가 많지 않으며 《사기史記》의 〈노자한비열전老子韓非列傳〉에 몇 줄의 기록으로 남아 있을 뿐이다. 물론 이 기록이 모두 사실인지도 알 수 없다. 물론 《장자》에는 장자 자신을 주인공으로 한 우언고사◆들이 기록되어 있지만 우언체寓言體로 쓰여 있기 때문에 모두가 실제 있었던 사실이라고 볼 수는 없다.

비록 사실 여부를 확인할 수는 없지만 우리는 이 기록을 통해 장자의 삶을 어느 정도 파악할 수 있다. 가령 장자는 혜자惠子와 우정을 나누면서도 자주 변론을 펼치는 가까운 사이였다. 장자에게는 아내

◆ 동양의 이솝우화에 해당하는 이야기-옮긴이

가 있었으며, 장자보다 먼저 세상을 떠났다고 알려져 있다. 또한 장자는 송나라 몽현에서 칠원리라는 직함을 가지고 살았을 것이라고 알려져 있다. 구체적으로 어떤 직업인지는 알려지지 않았지만, 별 볼 일 없는 말단 관리직이었을 것이라는 의견이 지배적이다.

장자는 역사적으로 이름이 알려진 위대한 사상가이다. 위인전의 전형적인 틀을 따르면, 아마도 장자는 무척 가난하지만 의지가 강한 청년이었을 것이다. 또한 엄청난 노력과 투지로 마침내 뜻한 바를 달성하고 훌륭한 철학자가 되어 사람들의 칭송을 받았을 것이다.

여기서 앞부분은 장자의 실제 삶과 비교적 일치한다. 장자가 어릴 때부터 어려운 생활을 한 것은 사실이기 때문이다. 그러나 그가 어려서부터 품었던 위대한 꿈은, 뜻밖에도 쓸모없는 사람이 되겠다는 것이었다.

그렇다. 당신이 잘못 본 것이 아니다. 장자는 정말 시대의 첨단을 걸었다. 다만 지나치게 앞서 나간 것이 문제였다. 그래서인지 당시에는 그를 이해하는 사람이 많지 않았다. 지금으로부터 무려 2,000여 년 전에 평생 폐물廢物처럼 살겠다는 뜻을 품었다니, 당시로서는 믿을 수 없는 일이었을 것이다. 오늘날 타고난 모습 그대로 평생을 살겠다고 마음먹은 사람이 있다면 마땅히 장자를 멘토로 삼아야 할 것이다.

'쓸모없는 존재'가 되는 것이 별것 아니라고 생각해서는 안 된다. 어느 시대를 막론하고 쓸모없는 존재가 되려면 세상 모든 사람이 적이 될 거라고 각오해야 할 만큼 고난의 길을 걸어야 한다. 장자의 위대함이 바로 여기에 있다. 그는 천신만고 끝에 이루 말할 수 없는 어려움을 극복하고 마침내 '쓸모없는 존재가 되겠다'라는 이상을 실현했다.

초위왕은 장자가 매우 현명하다는 소문을 듣고 그에게 천금과 후한 예물을 선물하며 장자를 재상으로 삼고자 했다. 그러나 장자는 웃으며 신하에게 말했다. "천금은 확실히 후한 선물이고 경상은 확실히 존귀하고 높은 직위입니다. 그러나 그대는 천제에서 희생된 소를 보지 못했습니까? 그 소는 몇 년 동안 잘 먹고 화려한 비단옷을 입었지만 결국 태묘로 끌려가 제사상에 올라가지 않습니까? 소가 그런 꼴을 당하느니 돼지가 되고 싶다 한들 어찌 그리할 수 있겠습니까? 그대는 나를 욕되게 하지 말고 어서 돌아가기를 바랍니다. 나는 차라리 시궁창에서 노닐며 스스로 즐거워할망정 제후의 손에 속박당하지 않을 것입니다. 나는 죽을 때까지 벼슬을 하지 않고 마음껏 즐기겠습니다."

_《사기》〈노자한비열전〉 편

초위왕문장주현楚威王聞莊周賢 사사후폐영지使使厚幣迎之 허이위상許以為相 장주소위초사자왈莊周笑謂楚使者曰 천금千金 중리重利 경상卿相 존위야尊位也 자독불견교제지희우호子獨不見郊祭之犧牛乎 양식지수세養食之數歲 의이문수衣以文繡 이입대묘以入大廟 당시지시當是之時 수욕위고돈雖欲為孤豚 기가득호豈可得乎 자극거子亟去 무오아無汙我 아녕유희오독지중자쾌我寧遊戲汙瀆之中自快 무위유국자소기無為有國者所羈 종신불사終身不仕 이쾌오지언以快吾志焉

말 그대로 아무 쓸모도 없는 존재가 무슨 가치가 있다고 장자는 이러한 삶을 지향했을까? 쓸모없는 존재가 되는 것이 왜 이토록 어려울까? 쓸모없는 존재는 남들이 모두 가고자 하는 화려한 길을 걷지 않고 사회에서 정해진 기존의 가치를 따르지 않으며 오직 자신이 하고 싶은 일을 하기 때문이다. 간단히 말해 '온전한 자기 자신이 되기 때문'이다.

사람들이 자기 삶이 쓸모없다고 말할 때 대부분은 자조 섞인 푸념으로 내뱉는 경우가 많다. 스스로 경쟁력이 없다고 생각하니 사회의 기대에 부응하지 못한다는 무력감을 호소하는 것이다. 자기 인생을 스스로 결정할 수 있다면 누구도 폐물 같은 존재가 되기를 원하지 않을 것이다. 장자가 보통 사람들과 다른 점이 바로 여기에 있다. 그는 결코 폐물 같은 존재가 아니었으며, 오히려 높은 벼슬을 얻어 천하를 다스릴 기회도 있었다. 그러나 그는 폐물이 되기를 고집했다.

자기계발과 평생학습, 그리고 세뇌된 공포

필자는 인간이 세상에 태어난 이상 반드시 해야 하는 일 중 하나가 자아인식이라고 생각한다. 누구나 살아가는 동안 크고 작은 시련과 고통을 겪게 마련인데, 이때야말로 자신이 누구인지 제대로 인식할 때라고 우주가 일깨워주는 시기라 할 수 있다.

자아인식이야말로 인간의 일생을 통해 가장 중요한 과제이다. 그런데 지금의 학교 교육은 이를 조금도 중요하게 여기지 않는다. 정말 경악할 노릇이다. 오늘날 인류는 경쟁이 기본 원칙이 되어버린 시대를 살고 있으며, 학교는 경쟁력을 갖춘 상품을 찍어내는 공장으로 변해버렸다. 사람들은 자신의 경쟁력이 남에게 뒤처질지 모른다는 공포 속에서 끊임없이 불안해한다. 남보다 못하다는 이유로 누구든 쉽게 도태될 수 있고, 그걸 당연하게 여긴다. 기성세대들은 끊임없이 젊은이들에게 겁을 주며 노력하고 또 노력하라고 강요하고, 젊은이들도 쉬지 않고 자신을 채찍질하는 것을 당연하게 여긴다.

이처럼 사회 전체가 평생학습을 강조하니 수많은 이들이 더 좋은 상품이 되기 위해 끊임없이 뭔가를 배우지만, 남보다 뒤처질까 두려워하다가 결국 번아웃이 되어 나가떨어지고 만다. 학창 시절에는 야간자율학습으로도 모자라 온갖 학원을 전전하느라 자신이 무엇을 좋아하는지 고민할 시간이 없다. 성인이 되어 취업에 성공해도 모처럼 얻은 귀한 휴가 기간이나 이틀밖에 안 되는 주말까지 반납하며 경쟁력을 높이겠다는 일념으로 자기계발에 여념이 없다. 광기 어린 자기계발 풍조가 만연한 이 시대에 우리 모두 얼마나 불확실한 공포에 사로잡혀 있는지, 어린 시절부터 세뇌된 인식과 학습된 행동이 얼마나 뿌리 깊게 박혀 있는지 알아야 한다. 우리는 기성세대가 주입시킨 불안과 공포에서 아직도 헤어 나오지 못하고 있다.

공자는 "예로부터 사람들은 자신을 위해서 학문에 힘썼다"라고 했다. 그 유명한 잠언인 "너 자신을 알라"는 수천 년이 지나도록 우리에게 울림을 준다. 그러나 오늘날 수많은 학교는 생산 공장으로 전락한 지 오래다. 마치 양돈장에서 돼지를 키우듯 모든 학생을 살이 통통하게 오른 고깃덩어리로 키우려고 한다. 돼지는 살이 많이 붙을수록 비싼 값에 팔 수 있으니 많은 양돈장에서 어떻게든 돼지를 살찌우기 위해 강제로 음식을 먹이듯이 말이다.

나는 교사로서 이런 상황을 자주 목격한다. 수업 시간에 살아온 경험을 나누거나 철학에 관해 이야기할라치면 일부 영리한 학생들은 고개를 숙이고 딴짓을 하기 일쑤다. 이들은 교사가 들려주는 내용이 시험에 나올 리 없으니 들어봤자 소용없다고 생각한다. 차라리 그 시간에 수학 공식이나 영어 단어 하나라도 외우는 것이 낫다고 여긴다. 어떤 주제에 대해 토론 수업을 하거나 발표를 할 때도 이런 학생들은 적극적으로 참여하기를 꺼린다. 시험에서 몇 점을 받고 몇 등을 하느냐가 가장 중요하기 때문에 최대한 높은 점수를 내는 쪽으로 시간을 투자하고 생각도 거기에 맞춰서 하게 된다.

어떤 면에서 이런 학생들의 선택이 옳을지도 모른다. 이들은 자신을 값비싼 상품으로 만들기 위해 최선을 다하고 있으니 말이다. 그러나 이 학생들이 모르는 사실이 있다. 다만 10분라도 자신에게 억지로 '먹이를 욱여넣는' 행위에서 벗어날 수 있다면, 그 시간 동안 자신은 일개 상품이 아닌 진정한 '사람'이 될 수 있다는 사실이다.

오늘날 대부분의 학교 교육은 학생들에게 무한 경쟁에서 낙오되지 않도록 스스로 자신의 욕망과 욕구를 조절할 것을 요구한다. 그러나 이는 결코 진정한 교육이 아니다. 교육의 진정한 목적은 학생들을 법조인, 정치인, 공무원, 교사로 만들어 다른 사람들을 자기 발아래에 두고 권력을 휘두르며 그 단맛에 취해 살게 하는 것이 아니다. 가능성이 무궁무진한 아이를 잘 이끌어 그 아이가 타고난 장점을 꽃피

우게 하는 것, 그래서 사회가 요구하는 천편일률적인 가치에서 벗어나 어떻게 살아가야 할지 알려주는 것이 교육의 진짜 목적이다. 하지만 말이 쉽지 이런 가치를 실천에 옮기기는 참으로 어렵다.

아마 이렇게 생각하는 사람도 있을 것이다. "정말 그게 가능하다고 생각합니까? 먼저 좋은 직장을 구해 자신의 일상을 잘 돌보는 것이 우선 아닌가요? 정말 아무 경쟁력도 없는 존재가 되어 사회에서 도태되어도 상관없단 말인가요?"

만약 당신도 같은 생각이라면 어쩌면 당신은 두려움과 공포심이 없는 삶, 아무것도 하지 않고 어떤 노력도 기울이지 않아도 걱정이나 불안이 없는 상태를 상상할 수 없을지도 모르겠다. 당신은 이미 두려움에 잠식되어 있기 때문이다. 그렇다면 누군가와 경쟁해야 한다는 압박감을 내려놓고 진정한 자신을 찾아가는, 살면서 마땅히 해야 하는 일을 제대로 할 수 없다.

오늘날 사회는 우리의 공포심을 더욱 자극하는 방식으로 우리를 나아가게 만든다. 두려움과 공포심을 떨쳐내려 할수록 당신은 어떻게 행동해야 할지 몰라 허둥댈지도 모른다. 망연자실한 채 방황하며 왜, 무엇을 위해 살아야 사는지 고민하게 될지도 모른다. 나도 그런 환경에서 자랐기 때문에 그 심정을 누구보다 잘 안다고 자부한다.

쓸모없는 가치가
나를 지켜준다

산의 나무는 도끼로 만들어져 스스로 자신을 해치고, 기름은 불씨를 피워 스스로 자신을 태운다. 계수나무에서 열리는 과일은 사람들에게 먹히고 옻나무 즙은 옻칠하는 데 쓰인다. 사람들은 쓸모 있는 것이 좋다는 것만 알지, 쓸모없는 것이 자신의 진정한 가치를 지켜준다는 사실은 알지 못한다.

산목山木 자구야自寇也 고화膏火 자전야自煎也 계가식桂可食 고벌지故伐之 칠가용漆可用 고할지故割之 인개지유용지용人皆知有用之用 이막지무용지용야而莫知無用之用也

_《장자》〈인간세人間世〉 편

나는 스무 살에 《장자》를 처음 읽었는데, 그때 느낀 불쾌감을 지금도 잊을 수 없다. 《장자》는 처음부터 끝까지 운명을 논하며 '부득이不得已' 집착을 내려놓고 애써서 뭔가를 추구하지 말 것을 강조했기 때문이다. 심지어 시류에 편승하려는 태도를 비판하며 현실에 머물러야 한다고 주장했다. 책임감이 없어도, 아무 쓸모없는 존재가 되어도 상관없다는 장자의 주장에 나는 도저히 참을 수가 없었다. 그의 글은 하나같이 핑계에 불과하다고 생각했다. 자신을 바꾸고 삶을 개척하려고 노력하지 않는 사람들에게, 그의 주장은 전부 현실 도피를 정당화하는 핑계에 불과했다. 폐물이 될 것을 권하는 장자의 철학을 일찌감치 폐기해야 그나마 사회에 도움이 된다고 생각했다.

나는 학창 시절 매우 적극적으로 경쟁하는 학생이었다. 치열한 노력으로 극심한 입시 경쟁을 뚫었고 남들보다 좋은 성적을 유지했다. 그때는 내 운명을 내 뜻대로 통제할 수 있다고 생각했다. 나는 노력하지 않는 사람을 경멸하고 업신여겼다. 그들은 진취적이지 않고 삶을 낭비한다고 여겼으며, 그런 사람들은 운명을 탓할 자격이 없다고 생각했다. 그럴 시간이 있으면 어떻게든 현실에서 벗어나 더 좋은 경쟁력을 갖출 방법을 고민해야 한다고 믿었다.

그러나 이런 생각은 현실을 모르는 철부지의 알량한 자신감에 불과했다. 인생에서 좌절은 결코 피할 수 없는 것이었다. 솔직히 말해 학창 시절 경험하는 일들 중 진정한 좌절이라고 부를 만한 것이 몇 가지나 될까? 시험을 망치거나, 대학 입시에서 1지망으로 지원한 학교에 떨어지거나, 친구들과 멀어지거나, 부모님이 내 의사를 존중해 주지 않아 갈등을 빚거나……. 물론 청소년들에게 이런 고민은 큰 시련일 수 있지만, 인생 전체를 놓고 보면 그리 큰 고통이라 할 수 없지 않겠는가. 이런 일이 어린 영혼에 큰 상처와 좌절을 안겨줄 수 있다. 그러나 학교라는 울타리를 넘어 차가운 사회에 발을 내딛는 순간, 나는 비로소 알게 되었다. 그동안 내가 겪은 일들은 좌절이라고 말하기에도 민망하다는 사실을 말이다. 어떤 좌절은 한 사람을 철저히 파괴해 끝내 자기 자신이 누구인지도 모르게 만들었다.

나는 그동안 내가 제법 쓸모 있는 사람이라고 생각해왔다. 하지만 어찌된 일인지 학교를 졸업한 이후로는 내가 세상에 아무 가치도 없는 존재라는 사실을 깨달았다. 나는 아무것도 할 수 없었고, 제대로 할 줄 아는 일도 거의 없었다. 이전까지 옳다고 믿어왔던 일이, 이제 보니 다 엉터리였다. 나는 큰 혼란에 빠졌고 내가 누구인지조차 알 수 없었다. 내가 앞으로 어디서 어떤 모습으로 살게 될지, 아니, 무엇 때문에 살아야 하는지조차 헷갈렸다.

나는 인생에서 실패했다는 사실을 뼈아프게 인정해야 했다. 알고 보니 나라는 사람은 그렇게 대단한 존재가 아니었다. 노력만 하면 얼마든지 가질 수 있다고 여겼던 그 어떤 것도 손에 넣을 수 없었다.

그때 나는 거의 무너진 상태나 다름없었다. 내가 알고 있던 세상은 온데간데없었다. 마치 갓 태어난 신생아처럼 모든 게 낯설고 혼란스러웠고, 어디로 가야 할지도 몰랐다. 영혼이 텅텅 비어버린 느낌이었다. 이런 시기에 우연히 접한《장자》를 조금씩 읽으면서, 세상에서 쓸모없는 존재가 된다는 것이 과연 무엇을 의미하는지 고민하기 시작했다.

지금보다 더 좋은 사람이 되기 위해 부단히 노력하지만 현실은 여전히 제자리이며, 그동안 추구해온 이상적인 모습이 절대 될 수 없다는 사실을 직시한다. 성공하기 위해 아무리 많은 시간과 노력을 쏟아부어도 사회가 원하는 수준에 도달할 수 없다는 사실을 뼈저리게 깨닫는다. 원하는 수준에 도달하기에는 능력이 부족하지만 그렇다고 눈높이를 낮추자니 그런 자리는 우습게 보여 갈팡질팡한다. 착한 자녀, 성실한 학생, 자상한 부모, 유능하고 성격도 좋은 직업인이 되기 위해 인생의 젊은 시절 내내 행복과 자유를 희생하지만, 다른 사람의 기대를 만족할 수 없다는 괴리감에 시달린다. 폐물이 된다는 것은, 바로 이러한 상태를 말하는 것이었다.

몇 년간의 극심한 방황 후, 나는 교사가 되었다. 종종 학생들에게 1등을 하고 싶은지 꼴찌를 하고 싶은지를 물으면, 모든 아이들이 당연히 1등을 하고 싶다고 대답했다. 꼴찌를 해도 괜찮다고 말하는 학생은 한 명도 없었다. 당연하다.

그런데 관점을 바꿔 생각해보자. 1등과 꼴찌 중 과연 어느 쪽이 세상이 요구하는 가치관을 뛰어넘기 쉬울까? 의심할 여지없이 꼴찌일 것이다. 어차피 사회에 별다른 쓸모가 없는 존재이니 사회로부터 어떤 이익이나 대가를 받은 적이 없고, 그러니 자연스레 사회가 이건 좋고 이건 나쁘다고 판단하는 기준에 얽매이지 않아도 된다. 백점을 받으면 어떻고 빵점을 받으면 어떤가? 점수로 모든 것을 판단하고 정의내리는 세상에서 당신마저 그 잣대를 따라간다면 세상도 당신의 가치를 점수로 매기게 될 것이다. 이것이야말로 진정한 비극이 아닐까.

자신이 사회에 별 쓸모가 없는 존재라는 사실을 받아들이는 순간부터 세상의 잣대에 맞추기 위해 자신을 억누를 필요가 없게 된다. 그보다는 자신의 내면에 집중하며 나는 도대체 누구인지, 무엇을 원하는지 탐색할 수 있다. 이런 관점에서 본다면 세상에서 폐물이 되는 것이야말로 오히려 인생의 선물이며, 우리 자신이 누구인지 알아가는 계기가 된다.

나는 1등을 하면 인생이 순탄하게 풀릴 거라 믿었고, 1등을 하면 언제까지나 성공이 지속될 거라 생각했다. 그러면 내가 누구인지, 진정 원하는 삶이 어떤 것인지 같은 골치 아픈 문제에 직면하거나 고민할 필요도 없을 거라 믿었다. 어쩌면 모두가 이런 삶을 갈망하는지도 모르겠다. 그러나 누구의 인생도 순풍에 돛단 듯 항상 평탄할 수는 없으며 언젠가는 온갖 화두에 직면할 수밖에 없다.

《장자》는 바로 이런 화두를 들여다볼 의향이 있는 사람들을 위한 책이다. 그래서 나는 장자 철학을 '폐물의 철학'이라고 정의하기로 했다.

《장자》는 지극히 난해한 책이다. 보통 사람들이 당연하다고 생각하는 논리와 가치관을 송두리째 부정하기 때문이다. 그러다 보니 장자를 연구하는 사람들은 대부분 장자에 긍정의 의미를 부여하려고 시도한다. 《장자》를 대단히 긍정적인 관점에서 해석해 현대인들이 받아들이도록 만들려는 것이다. 마치 《장자》를 공부하면 세상의 모든 근심과 걱정을 잊어버릴 수 있다는 식인데, 예를 들어 회사에서는 언제나 즐거운 마음으로 일할 수 있고 가정에서는 항상 자상하고 지혜로운 부모가 된다는 것이다. 그래서인지 장자는 어느새 현대인의 영혼의 멘토로 변신한 듯하다.

그러나 진정한 《장자》는 이와는 전혀 다르다. 《장자》의 철학을 제대로 실천하는 사람은 가족을 떠나 바닷가에서 호리병 하나만 들고 유유자적하며 살다 조용히 세상을 떠날 수도 있다. 장자는 결코 적극적이고 진취적인 삶의 태도를 내세우지 않으며, 그렇다고 어지러운 세상에서 혼자만 태평하게 지낼 수 있는 방법을 가르쳐주지도 않는다. 물론 자신만 마음 편하게 살면 되니 현실을 도피하라고 주장하지도 않는다. 장자는 근본적으로 세상이 추구하는 방향과 완전히 다른 가치관과 인생관을 제시한다.

아마 모든 사람이 장자의 주장대로 살아간다면 사회 시스템이 무너질지도 모른다. 대신 누구든지 자기 자신으로 온전히 자유롭게 살 수 있으며, 반질반질 윤이 나게 닦인 채 진열대 위에서 팔리기만을 기다리는 과일처럼 자신을 포장하지 않아도 된다. 겉모습은 초라할지 몰라도 내면은 건강하고 충만한 존재가 될 수 있다. 당신은 더 이상 온실에서 길러진 화초가 아니라 원하는 때에 원하는 방식으로 피고 질 수 있는 나무이다. 누구도 당신에게 세상이 원하는 가격표를 붙이며 당신의 가치를 다른 사람들의 입맛대로 매기거나 당신 의지와 상관없이 사고팔지 못한다. 장자가 "사람들은 쓸모 있는 것이 좋다는 점만 알지 쓸모없는 것이 자신의 진정한 가치를 지킬 수 있게 해준다는 사실은 알지 못한다"라고 했듯이 말이다.

우리가 장자의 철학대로 세상을 살아간다면 정말 남들 보기에 쓸모없는 인생을 살지도 모른다. 적어도 세속적인 시각에서 볼 때는 그렇다. 그러나 폐물이 되어도 상관없다는 마음으로 남들의 시선을 두려워하지 않아야 비로소 보여주기 위한 삶이 아닌 자신을 위한 삶을 지속할 수 있다.

우리가 평생 묻는 질문, 나는 누구인가?

厭 世 講 堂

나를 규정하는 것을 모두 지운다면

가끔 이런 생각을 한다. 내가 80세 넘게 산다고 가정할 때, 인생의 마지막 순간에 홀로 자리에 누워 그동안의 삶을 돌아보면 어떤 기분이 들까? 결코 길지 않은 생에서 내가 누구인지 진정으로 깨달은 순간이 있을까? 주어진 역할에 집착하느라 평생 진짜 나로 살아보지 못한 채 이렇게 삶을 마감하는 것은 아닐까?

누군가가 우리에게 "당신은 누구십니까?"라고 물어오면 아마 우리 머릿속엔 온갖 생각이 스쳐 지나갈 것이다. 당신은 이름이 있고, 부모가 있고, 직업도 친구도 있다. 우리 모두 지금까지 살아온 삶의 이력이 있으니, 의심할 여지없이 자신이 맺고 있는 인간관계와 지금 하고 있는 일과 특정한 시공간의 맥락에서 내가 누구인지 답을 할 수 있다.

그런데 이런 정보가 진정한 나를 대변한다고 말할 수 있을까? 지금 알고 있는 사람들과 관계를 맺기 전, 이런저런 역할과 의무를 짊어지기 전, 지금의 시공간이 아닌 다른 곳에 있는 나는 과연 누구일까? 혹시 당신은 이런 생각을 해본 적이 있는지?

《장자》는 우리에게 이런 질문을 던진다. 지금의 몸과 정신을 갖기 전의 당신은 과연 누구냐고 말이다.

이런 체험이 없다면 내가 있을 수 없다. 그러나 내가 아니라도 누구나 나와 같은 체험을 할 수 있다. 누가 배후에서 이 모든 것을 주재하는지는 여전히 모른다. 진정한 주재자가 있으나 그 종적을 찾을 수 없는 듯하다. 드러나는 행동을 통해 주재자의 존재를 확인할 수 있지만 그 형체는 볼 수 없다. 주재자의 존재가 이토록 진실한데도 형체가 없다.

비피무아非彼無我 비아무소취非我無所取 시역근의是亦近矣 이부지기소위사而不知其所為使 약유진재若有真宰 이특불득기진而特不得其眹 가행이신可行已信 이불견기형而不見其形 유정이무형有情而無形

_《장자》〈제물론〉 편

우리는 다양한 정서적 체험 없이 자신이 누구인지 알 수 없다. 그러나 한편으로는 정서적 체험만으로 자신이 누구인지 정의내릴 수도 없다. 우리가 보고 듣고 느끼고 체험하는 것들이 쌓이고 쌓여 나를 이루는데, 이러한 체험은 시간상으로 후자이기 때문이다. 그렇다면 진정한 나란 대체 무엇일까? 《장자》는 진정한 자기 자신은 누구도 모른다고 주장한다. 나 역시 구체적 내용을 알 수 없는 상황에서 이렇다 혹은 저렇다라고 단언할 수 없다. 왜냐하면, 구체적인 사물이라도 그것을 정답이라고 정의할 수 없기 때문이다.

백 개의 뼈, 아홉 개의 구멍, 여섯 개의 장기는 몸속에서 조화를 이룬다. 나는 그중 어떤 장기와 가까운가? 당신은 그것들을 똑같이 좋아하는가? 혹시 그중 어떤 것을 편애하는 것은 아닌가? 그렇다면 그것들을 중요도에 따라 구별하는가? 몸속 장기에도 중요도가 정해져 있다면 여러 장기는 서로 경쟁하는 관계인가? 그중 어떤 것이 진정한 지도자인가? 당신이 그것을 찾을 수 있든 없든 그 진실성을 해치지는 않을 것이다.

백해百骸 구규九竅 육장六藏 해이존언賅而存焉 오수여위친吾誰與為親 여개설지호汝皆說之乎 기유사언其有私焉 여시개유위신첩호如是皆有為臣妾乎 기신첩부족이상치호其臣妾不足以相治乎 기체상위군신호其遞相為君臣乎 기유진군존언其有真君存焉—여구득기정여불득如求得其情與不得 무익손호기진無益損乎其真

_《장자》 〈제물론〉 편

어떤 상황에서도 진정한 나를 찾겠다며 자아 탐색을 포기하지 않는 사람들이 있다. 심지어 몸속 장기 중 어떤 장기가 어떤 성질을 가지고 있는지를 살펴봄으로써 내가 누구인지 알려고 할 수도 있을 것이다. 그러나 몸 안의 장기조차 저마다 작동하는 규칙이 있다. 모든 장기는 똑같이 중요하기 때문에 어떤 장기가 어떤 장기를 지배한다고 볼 수도 없다. 나를 살아 숨 쉬게 하고 움직이게 하는 그 많은 장기조차 무엇이 우선인지 찾을 수 없다.

《장자》는 비록 내가 어디 있는지 알지 못할지라도 나의 진실성이 결코 훼손되지 않는다고 주장한다.

언뜻 복잡하게 들리지만《장자》가 하는 말은 그리 어렵거나 복잡한 것이 아니다. 진정한 나는 결코 일시적인 정서, 느낌, 사상, 이념이 아니며 심지어 신체의 특정 장기조차도 내가 아니라는 의미이다. 이런 식으로 자아를 찾는 방법은 전부 잘못된 것이라고 장자는 주장한다.

장자의 주장대로 나를 규정하는 것을 하나둘씩 제거하고 나면 마지막에는 아무것도 남는 게 없다. 결국 진정한 나는 사실 아무것도 아닌 존재다. 그러나 우리는 이 당연한 사실을 너무도 쉽게 잊어버리고 겉으로 드러나는 모습에 집착한다.

일단 인간으로 태어난 이상, 죽을 때까지 애써 자신을 유지해야 한다. 그런데 주변에 얽매여 갈등을 일으키고, 죽음을 향해 가면서도 그칠

줄 모르고 내달리기만 하니 어찌 슬프지 않은가! 평생 발버둥 치면서도 끝내 성공하지 못하고, 고달프고 지쳐도 인생의 방향을 돌릴 줄 모르니 어찌 슬프지 않은가! 설령 죽지 않고 영원히 산들 무슨 의미가 있을까! 육신이 늙으면서 변화함에 따라 마음도 영향을 받으니 이를 어찌 큰 슬픔이라 하지 않겠는가!

일수기성형一受其成形 불망이대진不亡以待盡 여물상인상미與物相刃相靡 기행진여치其行盡如馳 이막지능지而莫之能止 불역비호不亦悲乎 종신역역이불견기성공終身役役而不見其成功 날연피역이부지기소귀苶然疲役而不知其所歸 가불애사可不哀邪 인위지불사人謂之不死 해익奚益 기형화其形化 기심여지연其心與之然 가불위대애호可不謂大哀乎

_《장자》 〈제물론〉 편

우리가 진정한 자신을 찾지 못한다면 모든 겉모습과 신분이 형성되기 전까지는 아무것도 아닌 존재에 불과하다. 우리는 결코 세속에 탐닉하려는 본성에서 벗어날 수 없다. 하지만 사람들과 소통하면서 부대끼기만 하면 평생 진정한 자신을 찾을 수 없다.

내가 누구인지 모른다는 사실을 인정하기

'나는 아무것도 아니다'라는 사실을 진지하게 받아들일 수 있는 독자가 솔직히 몇이나 될지 모르겠다. 그래도《장자》가 던지는 질문을 한 번 진지하게 생각해봤으면 좋겠다. 지금의 모습을 갖추기 전의 당신은 과연 누구였을까? 하나의 신분을 갖기 전 우리는 과연 무엇이었을까? 매일 아침 집 밖으로 나서기 전의 나, 누구와도 관계 맺기 전의 나는 어떤 존재일까?

우리는 하루에도 몇 번씩 내가 누구인지 고민한다. 이런 고민은 우리가 어떻게 행동할지 방향을 제시해주며 인간관계에서 어떤 입장을 취할지 어느 정도 답을 준다. 이 자체는 나쁜 것이 아니지만, 이런 생각을 하며 시간을 보내는 동안 자신도 모르게 본인 스스로가 아닌 본인의 역할에 충실한 말과 생각과 행동이 몸에 배어버린다. 그러니

퇴사나 결혼으로 주어진 역할이 바뀌면서 이전까지 고정돼 있던 이미지가 사라지면 불안감에 사로잡힌다. 이런 상황에서는 또 다른 이미지를 만들어내며 다시 안정감을 얻기 위해 분투한다. 혹시 당신도 이런 상황에 처해 있다면, 잠시 멈추고 '나는 내가 누구인지 모른다'는 사실을 인정해보길 권한다. 너무 조급하게 자신을 정의 내리려 하지 말고.

처음에는 힘들겠지만 우리는 이내 '모른다'는 사실에 안도하게 될 것이다. 현대 사회에서는 뭔가를 모른다고 밝히면 무시와 조롱, 비난이 뒤따른다. 현대 사회에서는 아는 것이 옳은 것, 당연한 것이고 모르는 것은 나쁜 것, 한계가 있다는 의미로 받아들여지기 때문에 사람들은 모르는 것이 있어도 쉽게 받아들이려 하지 않는다. 이에 대해 《장자》는 이렇게 말한다. 만약 우리가 어떤 분야의 지식을 모른다면, 이에 대처하는 가장 좋은 방법은 그 내용을 알기 위해 뛰어드는 것이 아니라, 모르는 상태에 안주하는 것이라고 말이다.

모르는 상태에 안주할 수 있으면 뭔가에 집착하거나 증명하려고 필요 이상으로 애를 쓰지 않아도 된다. 그렇게 되면 우리의 내면은 완전히 자유로워지며, 그때 비로소 진정으로 하고 싶은 일을 떠올릴 수 있다. 《장자》는 특정한 역할을 요구받거나 특수한 상황이 아닐 때, 어떤 대가를 추구하거나 결과를 걱정할 필요가 없을 때 우리의 생각과 행동이 가장 자연스럽고 순수해진다고 주장한다.

모든 것이 이토록 단순하고 자연스러울 때 진짜 나를 찾을 수 있다. 진정한 자아는 노력한다고 찾아지는 것이 아니며, 우리는 진정한 자신의 모습이 본인의 삶 속에서 자연스럽게 드러나게 할 수 있을 뿐이다.

미움받을 용기 대신,
현실에 안주하는 용기

장자는 〈제물론〉에서 그림자에 관한 이야기를 들려준다. 그림자는 어떤 존재일까? 내가 하는 모든 행동은 그림자를 지배한다. 내가 손을 들면 그림자도 손을 들고, 내가 달리면 그림자도 따라서 달린다.

그렇다면 그림자의 그림자는 어떨까? 옛 사람들은 그림자의 바깥쪽에 그림자를 둘러싼 또 하나의 그림자가 있다고 믿었다. 사람들은 그림자의 그림자를 망량罔兩이라고 불렀다. 그림자가 우리 행동의 통제를 받듯, 망량의 모든 움직임은 그림자의 통제를 받는다. 그림자가 무엇을 하든 망량은 그대로 따라야 한다. 이를 견딜 수 없었던 망량은 마침내 그림자에게 격렬히 항의한다.

망량이 물었다. "조금 전에는 걷더니 이제는 멈추고, 조금 전에는 앉더니 이제는 일어나는구나. 어찌 그리 지조가 없는가?" 그림자가 대답했다. "내 행동은 다른 사람의 통제를 받기 때문이 아닐까? 나를 통제하는 사람도 다른 존재로부터 통제를 받는 것이 아닐까? 어쩌면 나는 탈피한 뱀의 껍질이거나 탈피한 매미의 껍질◆이 아닐까? 나의 행동이 다른 사람으로부터 조종을 당하는지 아니면 나 스스로 결정하는 건지 내가 어찌 알겠는가?"

망량문경왈罔兩問景曰 낭자행曩子行 금자지今子止 낭자좌曩子坐 금지기今止起 하기무특조여何其無特操與 경왈景曰 오유대이연자야吾有待而然者邪 오소대우유대이연자야吾所待又有待而然者邪 오대사부吾待蛇蚹 조익사蜩翼邪? 악식소이연惡識所以然 악식소이불연惡識所以不然

_《장자》〈제물론〉 편

이 이야기를 듣고 황당하다고 생각하는 사람이 많을 것이다. 그림자의 모든 움직임이 사람의 영향을 받는 게 당연한데, 망량이 그림자에게 항의를 한들 무슨 소용이 있을까?

그런데 그림자의 대답은 우리를 당혹스럽게 만든다. 그림자의 모든 행위가 사람의 조종을 받는다면, 그 사람도 어쩌면 또 다른 존재의 통제를 받는 것이 아니겠냐는 것이다. 그림자는 자기 행동을 스스

◆ 모든 관계에서 벗어나 독자적으로 존재하는 개체라는 뜻-옮긴이

로 결정할 수 없으니 그림자 또한 수동적인 존재일 수밖에 없다.

우리는 많은 부모가 자녀의 일거수일투족을 좌지우지한다고 비판한다. 그런데 부모 또한 사회가 요구하는 어떤 가치에 의해 조종당하고 있다는 생각을 해본 적이 있는가? 그렇다면 사회에 뿌리 깊게 새겨진 가치관은 어디서 비롯되었을까? 누가 특정한 가치를 중요하다고 혹은 그렇지 않다고 결정하는 걸까?

우리는 머릿속에 떠오르는 많은 생각을 스스로 결정할 수 있고, 무슨 행동을 할지 스스로 선택할 수 있다고 믿는다. 우리는 자신이 진정 원하는 일을 하고 있으며, 자신이 원하는 선택을 내렸다고 믿고 있다. 과연 그럴까? 혹시 보이지 않는 존재에 의해 조종당하고 있으면서 이를 전혀 눈치 채지 못하고 있는 것은 아닐까?

이런 질문을 계속 하다보면 어쩔 수 없이 드는 의문이 있다. 이 세상에 모든 통제를 벗어나 온전히 자신의 삶을 사는 사람이 과연 있긴 할까? 진정한 자기 자신을 찾은 사람은 과연 있을까?

장자는 이 이야기를 통해 결국 자아란 서로 의지하는 관계임을 강조한다. 그러면서도 한편으로는 진정한 자신이라는 개념이 과연 존재할지 고민해볼 것을 권한다. 일례로 자신이 존재감이 없다고 느끼는 사람은 늘 남의 평가에 집착하는데, 주변 사람들의 기대에 부응하는 대가로 자신이 원하는 인정, 명예, 칭찬 등을 받기를 갈망한다. 그러니 자신이 맡은 캐릭터에 집중하지 말고 진정한 내면의 소리에 귀를 기울여야 한다.

장자가 망량과 그림자의 대화를 통해 우리에게 알려주고 싶었던 것은 '다른 관점으로 사고하기'이다. 세상 모든 사물은 하나의 존재가 다른 존재를 통제하는 식으로 물고 물리는 관계처럼 보이지만, 실제로는 아무도 누군가를 통제하지 않으며 타인을 주도할 역량을 가진 사람은 어디에도 없다는 것이다. 어떤 사람이 주도적이고 리더십이 강한 것처럼 보이지만 그 사람의 배후에는 우리가 보지 못하는 더 많은 존재가 그를 주도하고 있을 수 있다. 그 사람 역시 자신의 역량만으로는 다른 어떤 사람도 이끌 수 없는 것이다. 결국 모든 일은 '부득이' 일어난다.

장자의 논리대로라면 이 세상 어디에도 자유로운 사람은 없다. 이 사실을 인지한다면 이른바 '진정한 나 자신이 된다'는 말은 자신이 하고 싶은 일만 한다는 것이 아니라, 특정한 목적을 좇지 않고도 어떤 일을 해낼 수 있음을 의미한다는 걸 이해할 것이다. 특정한 행동을 할 때 원인과 결과를 따지지 않고 어떤 기대나 두려움도 갖지 않는다면, 우리는 내면에서부터 순수하게 그 일을 완성할 수 있을 것이다. 외부 요인에 어떠한 영향도 받지 않는 것, 이것이야말로 진정한 자신을 찾는 일이다.

망량의 질문에 그림자는 "내 행동이 누군가의 통제를 받아서 나온 것인지 내가 결정한 것인지 어찌 아느냐"고 대답한다. 그림자는 여전히 그림자이지만, 자신은 아무것도 아니라는 사실을 알고 현실에 안주하며 내면에 귀를 기울일 뿐, 더는 외부의 인정을 얻기 위해 애쓰지 않는다.

그런데 여기서 그림자의 '모르는' 상태는 보통 사람들이 말하는 '내가 뭘 하는지 모르는' 상태와 다르다. 보통 사람들이 뭔가를 모른다고 말할 때는 막막함과 부끄러움이 가득한 경우가 많다. 어떤 정체성을 인정해야 하는지, 어떤 행동을 해야 할지 모르는 경우도 많다. 그런데 그림자가 모른다고 말한 것은 자신의 정체성을 인정할 필요 자체가 없다는 의미이며, 어떤 이미지로도 자기 자신을 정의할 수 없음을 알고 있다는 의미가 포함돼 있다. 따라서 그림자는 편안한 마음으로 현재에 충실할 뿐, 전전긍긍하지 않는다. 결국《장자》는 사람이 더 이상 자신을 증명하기 위해 자아를 찾지 않을 때야말로 진정한 자아를 찾은 상태라고 주장한다.

온전한 자기 자신이 되려면 용기가 필요하다. 여기서 말하는 용기란 미움 받을 용기가 아니라 모른다는 사실을 인정하고 현실에 기꺼이 안주하겠다는 용기를 의미한다. 물론 타인으로부터 오해와 미움을 사는 데 큰 용기가 필요한 것은 사실이다. 그러나 자신이 누구인지 모르는 두려움을 극복하고, 자신을 포장하지 않고 현재에 온전히 안주하려면 더 큰 용기가 필요하다. 진정한 나 자신이 되고자 한다면 먼저 무아無我의 두려움을 이겨내야 한다.

진리는 없다

厭　世　講　堂

자기팽창은 일종의 병이다

나는 페이스북에 염세철학가 페이지를 만든 후 오랜 시간을 들여 동서양 철학을 연구했다. 그런데 나는 일상에서는 거의 철학자연하지 않는다. 내 자격이 부족한 것도 있지만 한편으로는 철학 연구가 부작용을 일으키기 때문이다. 나는 철학 연구가 가져오는 부작용에 시시각각 경계를 늦추지 않는다.

철학은 진리를 연구하는 학문이다. 그런데 진리가 과연 무엇인지는 보는 사람마다 다르다. 넓은 관점에서 볼 때, 철학은 성품의 사변능력을 통해 구축한 진리관을 가리킨다. 철학은 이해할 수 없는 이치를 일관적으로 해설해야 한다. 그래서 철학적으로 사고하면 모든 문제를 해결할 수 있을 것처럼 보이기도 한다.

철학은 인간의 성품과 인생을 기반으로 발전했기 때문에 이성적 사고에 크게 의존한다. 따라서 철학 연구자들은 자신의 사고 능력이 일반인보다 탁월하고 정밀하다고 착각하기 쉽다. 자신이 남보다 우월하다는 도취감, 이것이 바로 철학의 부작용이다.

그런데 이렇게 말하고 보니 뭔가 불공평하다는 느낌을 지울 수 없다. 사실 철학을 공부하는 사람만 자아도취에 빠지는 것이 아니다. 뭔가를 배워서 성취하고 안정적인 해석을 내놓는 사람들은 아무래도 '자아팽창'에 빠지기 쉽다.

똑똑한, 아니 스스로 똑똑하다고 여기는 사람들과 알고 지낸 적이 있다. 나와 비슷한 나이대도 있고 더 어린 사람도 있었다. 그들의 학력이 높고 낮은 것과 상관없이, 그들이 정말 아는지 모르는지와 상관없이, 그들은 저마다 열심히 구축한 자기만의 사상을 갖고 있었다. 그들은 통상적으로 지식인에 속하며, 사회적 지위도 있었다. 단단한 자신감으로 무장한 채 자기가 믿는 것은 절대 틀릴 리 없다고 생각했다. 때로는 난해한 이론을 앞세워 자신을 보호하기도 했다. 아마 보통 사람들은 그들의 생각을 반박하기 어려울 것이다.

이들은 마음에 단단한 갑옷을 두른 채 자신이 틀렸거나 부족할 수도 있다는 사실을 받아들이지 않는다. 이런 사람들과 가까이 지내기란 정말 피곤한 일이며, 그들과 어떤 주제로 토론하는 것은 아무 의미가 없다. 이런 사람들은 그저 멀리하는 것이 상책이다.

장자는 "똑똑하거나 어리석은 것과 상관없이 인간은 우주와 인생에 대해 저마다 견해를 갖고 있다. 자기만의 견해는 매우 뿌리 깊은 편견으로 가득하다"고 말했다. 어떤 사람들은 겉으로는 똑똑하고 지혜로운 것 같지만 실제로는 남의 눈을 끄는 교묘한 방법으로 자기 신념을 고집한다. 똑똑한 사람은 그렇지 않은 사람보다 사고하고 반론하는 데 더 강할 뿐이지, 그의 생각이 더 옳은 것은 아니다.

우리가 저마다 마음속에 정해놓은 기준을 인정한다면 자기 견해가 없는 사람이 있겠는가? 대단히 지혜로운 사람만 자기 견해가 있고 어리석은 사람은 자기 견해가 없으라는 법이 있는가! (그래서 모든 사람이 저마다 기준을 세운 후에야 옳고 그름을 판단한다.) '옳고 그름'을 당연하게 받아들이는 건 인과관계를 뒤집어서 원래 없는 것을 있다고 말하는 것과 마찬가지이다. 원래 없는 것을 원래부터 있었다고 말하면 아무리 현명한 성인이라도 공정한 판결을 내리기 어렵다. 하물며 나 같은 보통 사람이야 말할 나위가 없다.

부수기성심이사지夫隨其成心而師之 수독차무사호誰獨且無師乎? 해필지대이심자취자유지奚必知代而心自取者有之 우자여유언愚者與有焉 미성호심이유시비未成乎心而有是非 시금일적월이석지야是今日適越而昔至也 시이무유위유是以無有爲有 무유위유無有爲有 수유신우雖有神禹 차불능지且不能知 오독차내하재吾獨且奈何哉

_《장자》〈제물론〉 편

모든 사람의 사고방식에는 자기만의 뿌리 깊은 기준이 존재한다. 그 기준에 맞으면 좋고 옳은 것이, 그렇지 않으면 나쁘고 잘못된 것이 된다. 모든 사람의 평가 기준이 다르다는 걸 알고 있어도 자신도 모르게 잣대를 동원해 본인의 평가가 옳다고 상대를 설득하게 된다. 이런 방식이 계속되면 세월이 지날수록 우리는 자신이 옳다고 믿는 가치관만으로 모든 일을 판단하는 데 익숙해진다.

장자는 세상에 객관적으로 당연한 것은 없다는 점을 강조했다. 우리가 당연하다고 여기는 것은 자기만의 기준으로 내린 판단에 불과하다. 모든 가치는 주관적이며, 세상에 객관적이라고 말할 수 있는 기준은 없다. 우리가 객관적이라고 믿는 사상 역시 자기만의 기준이 지어낸 단면에 불과하다. 이러한 점을 인정하지 못하면 스스로에게 속아 자신도 모르는 사이에 과대망상에 빠지고 자신의 기준을 세상의 보편 기준이라고 착각한다. 이것이 '자기팽창'이다.

장자가 이토록 염세적이었던 것은 무리가 아니다. 심한 자기팽창에 빠져 타인에게 자신의 가치관을 강요하고 남의 삶을 좌지우지하려는 사람들이 넘쳐나는 세상이라면, 오히려 염세에 빠지지 않는 것이 더 이상하지 않을까.

완전히 객관적인 기준은 없다

세상에 누구에게나 당연한 것은 없다. 자기팽창에 빠져 본인 생각을 타인에게 강요하고 남의 삶을 좌지우지하려는 사람들은 위험하다. 누군가에겐 당연한 일이지만 누군가에겐 그렇지 않은 일이 있을 때, 서로 자기 방식을 고집하며 의견 차를 좁히지 못하면 당연히 심각한 문제가 생긴다. 자기팽창은 개인의 문제로 그치지 않고 공공질서까지 위협한다. 사람끼리의 충돌도 문제지만, 역사에 기록된 수많은 전쟁도 따지고 보면 여기서 비롯되었다.

진리가 작은 갈등에 묻히면 진리를 해석한 글도 그럴듯한 논리에 휘둘리게 된다. 유가와 묵가의 논쟁도 이렇게 비롯되었다. 그들은 자신들이 옳다고 여기는 것으로 상대방이 옳지 않다고 비판했으며, 자신이 틀렸다고 생각하는 것으로 상대방이 옳다고 여기는 가치를 비판했다. 옳고 그른 것에 대한 타인의 관점을 바꾸려 하기보다는 자신들의 눈이 무엇으로 가려져 있었는지 일깨워주어야 한다.

도은어소성道隱於小成 언은어영화言隱於榮華 고유유故有儒 묵지시비墨之是非 이시기소비以是其所非 이비기소시而非其所是 욕시기소비이비기소시欲是其所非而非其所是 즉막약이명則莫若以明

_《장자》〈제물론〉 편

전국시대의 두 현학顯學으로 손꼽히는 유가와 묵가는 항상 팽팽하게 대립했다. 유가는 예악禮樂을 숭상하지만 묵가는 이를 반대했다. 유가는 계급의 차이가 있는 사랑을 주장했고 묵가는 차이가 없는 겸애兼愛를 중시했다. 유가는 의리를 중시하고 이익을 경시했으나 묵가는 겸상애 교상리兼相愛 交相利를 내세우며 서로 사랑하고 서로를 이롭게 하기를 주장했다. 두 학파는 마치 종교 전쟁이나 정당간 다툼처럼 서로 자기 가치가 옳다고 논쟁했으며, 상대가 나라와 백성을 망치는 이단사설이라고 비난했다.

그러나 《장자》는 누가 맞고 누가 그르다고 판단할 객관적인 기준은 애초부터 없다고 지적했다.

당신과 내가 논쟁을 한다고 가정해보자. 당신이 나를 이겼다고 해서 과연 당신이 반드시 옳고 내 말은 그른 것일까? 내가 당신을 이겼다고 해서 내가 맞고 당신이 틀린 것일까? 우리 중 한쪽이 맞고 한쪽은 틀린 것일까? 둘 다 맞거나 둘 다 틀릴 수는 없는 것인가?

어차피 나와 당신 모두 상대의 생각을 이해할 수 없다면 그 누구도 우리 둘의 생각을 이해할 수 없다는 의미인데, 나는 누구에게 판결을 부탁할 수 있을까? 당신과 입장이 같은 사람이 어찌 공정한 판결을 기대할 수 있겠는가? 그렇다면 우리 둘과 입장이 전혀 다른 사람은 공정한 판결을 내릴 수 있겠는가? 우리 둘과 입장이 같은 사람이 판결할 경우, 그의 입장은 우리 둘과 같으니 공정한 판결을 내릴 수 있겠는가? 우리 둘과 다른 사람이 모두 서로의 생각을 이해할 수 없다면 어디에서 공정하고 객관적인 사람을 찾을 것인가?

기사아여약변의既使我與若辯矣 약승아若勝我 아불약승我不若勝 약과시야若果是也 아과비야야我果非也邪 아승약我勝若 약불오승若不吾勝 아과시야我果是也 이과비야야而果非也邪 기혹시야其或是也 기혹비야야其或非也邪 기구시야其俱是也 기구비야야其俱非也邪 아여약불능상지야我與若不能相知也 즉인고수기담암則人固受其黮暗 오수사정지吾誰使正之 사동호약자정지使同乎若者正之 기여약동의既與若同矣 오능정지惡能正之 사동호아자정지使同乎我者正之 기동호아의既同乎我矣 오능정지惡能正之 사이호아여약자정지使異乎我與若者正之 기이호아여약의既異乎我與若矣 오능정지惡能正之 사동호아여약자정지使同乎我與若者正之 기동호아여약의既同乎我與若矣 오능정지惡能正之

연즉아여약여인구불능상지야然則我與若與人俱不能相知也 이대피야야而待彼也邪

_《장자》〈제물론〉 편

만약 세상에서 공정하고 객관적인 기준을 찾지 못한다면 저마다 다른 주장을 할 뿐 상대를 설득할 수 없으니, 세상은 어지러워지고 말 것이라는 장자의 생각은 매우 비관적으로 보인다.

장자는 과연 진리라고 내세울 수 있는 권력을 누가 가졌는지를 세상에 묻고자 했다. 유가? 묵가? 도가? 천주교? 기독교? 동방정교회? 과연 어떤 교리가 진정한 진리일까? 만약 모든 교파가 다른 교파를 받아들이지 않는다면 최종 판결을 내릴 권한은 누구에게 있을까?

위의《장자》를 예로 들어 한 가지 상황을 가정해보자. 유가 학자와 묵가 학자가 자기 학파의 주장을 고수하며 서로 팽팽하게 맞설 때, 그들에게 입장을 바꿔보게 하면 어떻게 될까? 유가 학자에게 묵가의 사상을 가르치게 하고, 묵가 학자는 유가의 사상을 주장하게 하는 것이다. 상대의 가르침이 그다지 나쁘지 않고, 자기 이론만 훌륭한 게 아니라는 점을 알게 되지 않을까?

사람마다 입장이 다르다. 자기 입장을 내세워 상대의 입장을 지적하고 비판해서는 안 된다. 자신과 다른 생각을 존중하고, 상대의 생각도 내 생각만큼 진실하고 가치 있으며, 누가 높고 낮은지 누가 옳고 그른지의 구별이 없다는 사실을 인정한다면 많은 갈등이 무너질 것이다. 또한 얼마나 오랫동안 자신의 눈과 귀가 막혀 있었는지 깨닫게 될 것이다.

이처럼 자기팽창을 극복할 때 우리는 더욱 겸손하게 상대를 포용할 수 있을 것이다. 또한 편을 나누어 같은 편만 두둔하고 상대편을 배척하는 일에서도 벗어날 것이다.

모른다고 인정할 때 더 많은 가능성이 보인다

장자가 세상에 단일한 진리는 없다고 말한 이면에는 그만큼 사람들이 상대를 포용하는 마음으로 다양한 입장과 의견을 받아들이기가 힘들다는 전제가 깔려 있다. 사실 절대적인 진리가 없다는 말 자체는 이해하기 어렵지 않다. 만약 장자가 이런 단순한 진리를 알리려고 했다면《장자》를 읽을 필요가 없을지도 모른다.

최소한《장자》가 입장 바꿔 생각하기를 강조한 것만은 분명하다. (나의 생각이 정확하다는 입장에서 벗어나 상대의 관점에서 문제를 생각해보면 다양한 가능성을 발견할 수 있다.) 더 나아가 이런 관점으로 계속 사고할 수 있다면 사상을 더욱 높은 차원으로 깨달을 수 있고 심지능력을 극한으로 끌어올려 진정한 지혜를 발견할 수 있다.

《장자》에 기록된 대화를 살펴보자. 상고시대의 현인이었던 설결齧

缺은 학문에 힘쓰며 스승 왕예王倪에게 질문하기를 좋아했다. 그러나 스승은 제자가 질문을 할 때마다 "나는 모른다"라고 대답했다. 그 이유를 들어보자.

설결이 스승 왕예에게 물었다. "스승님은 세상의 보편적인 가치가 무엇인지 아십니까?" "내가 그것을 어찌 알겠느냐?" "그렇다면 그것을 모른다는 것은 알고 계시지요?" "내가 그것을 어찌 알겠느냐?" "설마 사물의 진면목은 결코 알 수 없다는 말씀입니까?" "내가 그것을 어찌 알겠느냐? 나 역시 확인할 수 없지만, 굳이 말하자면 우리가 안다고 하는 것이 실은 모르는 것인지도 모를 일이며, 모른다고 하는 것이 실은 아는 것일지도 모른다.
너에게 한 가지 묻겠다. 사람은 습기가 많은 곳에 살면 신경통에 걸리거나 반신불수가 되지만 미꾸라지는 어떻게 되겠느냐? 또한 사람은 나무 위에서 살면 무서워서 부들부들 떨겠지만 원숭이는 어떻겠느냐? 셋 중 어느 쪽이 가장 올바른 곳에 살고 있는지는 아무도 모른다. 사람은 소나 돼지를 먹지만 고라니와 사슴은 풀을 먹으며, 지네는 뱀을 좋아하고 솔개와 까마귀는 쥐를 잡아먹는다. 넷 중 어느 쪽이 올바른 음식 맛을 아는지는 아무도 모른다. 원숭이는 편저라는 원숭이를 배우자로 삼고, 고라니는 사슴과 교미하며 미꾸라지는 물고기와 지낸다. 모장과 여희는 사람들로부터 미인이라 칭송받지만 물고기는 이들을 보면 물속으로 숨어버리고, 새는 이들을 보면 하늘 높이 날아가며, 사슴은 정신

없이 달아난다. 그렇다면 넷 중 어느 쪽이 미색을 알고 있다고 단정할 수 없다.
그러므로 나에게 말해보라 한다면, 인의니 시비니 하는 것도 그 한계나 구별이 대단히 복잡하게 얽혀 있으니 어찌 간단히 분별할 수 있겠는가?"

설결문호왕예왈齧缺問乎王倪曰 자지물지소동시호왈子知物之所同是乎曰 오오호지지吾惡乎知之 자지자지소부지야왈子知子之所不知邪曰 오오호지지吾惡乎知之 연즉물무지야왈然則物無知邪曰 오오호지지吾惡乎知之 수연雖然 상시언지嘗試言之 용거지오소위지지비부지야庸詎知吾所謂知之非不知邪 용거지오소위부지지비지야庸詎知吾所謂不知之非知邪 차오상시문호여且吾嘗試問乎女 민습침즉요질편사民溼寢則腰疾偏死 추연호재鰌然乎哉 목처즉췌율순구木處則惴慄恂懼 원후연호재猨猴然乎哉 삼자숙지정처三者孰知正處 민식추환民食芻豢 미록식천麋鹿食薦 즉저감대蝍蛆甘帶 치아기서鴟鴉耆鼠 사자숙지정미四者孰知正味 원猨 편저이위자猵狙以爲雌 미여록교麋與鹿交 추여어유鰌與魚遊 모장毛嬙 여희麗姬 인지소미야人之所美也 어견지심입魚見之深入 조견지고비鳥見之高飛 미록견지결취麋鹿見之決驟 사자숙지천하지정색재四者孰知天下之正色哉 자아관지自我觀之 인의지단仁義之端 시비지도是非之塗 번연효란樊然殽亂 오오능지기변吾惡能知其辯

_《장자》〈제물론〉 편

설결은 자신의 심지 능력을 매우 신뢰해서 확실한 진리를 알고 싶었다. 그래서 왕예가 아무도 진리가 무엇인지 모른다고 할 때 "그러니까 진리를 알 수 없다는 것이 진리란 말인가?"라고 반문하지만, 왕예는 그 질문조차 '나는 모른다'로 일관했다.

이 대화는 대단히 흥미롭다. 내가 "이 세상에는 진리가 없다"라고 말할 때마다 사람들은 "그럼 진리가 없다는 사실이 진리라는 건가요? 그럼 진리가 존재한다는 건데 당신 주장은 논리적으로 모순되지 않나요?"라는 반응을 보인다. 이는 심지가 개입된 장난에 불과하다. 심지는 허무를 이해할 수 없기 때문에 당신에게 특정한 개념을 고수하라고 강요한다. 이런 주장은 곧 심지가 작용하는 논리이므로 그것에 속아서는 안 된다.

진리가 없다는 사실을 인정하고 싶지 않겠지만, 좀 더 생각해보면 진리를 대하는 사람들은 상황과 입장에 따라 의견이 바뀐다는 것을 알 수 있다. 이들에게 한결같이 객관적이고 통일된 기준이 없기 때문이다. 왕예가 설명했듯, 사람들은 건조한 곳에서 사는 것이 쾌적하다고 느끼지만 물고기는 물속을 편안하게 느낀다. 사람들은 모장과 여희를 최고의 미녀라고 하지만 물고기, 새, 사슴은 그들을 보면 달아난다. 진리라는 것이 온전히 사람에 속하는 것도, 동물에 속하는 것도 아니라면 결국 진리의 기준을 아무도 정할 수 없다.

세상에 다양한 입장이 있다면, 그 입장만큼이나 다양한 진리 또한 존재한다. 도처에 진리가 있다는 것은 진리가 없다는 것과 마찬가지이다. 과연 진리는 존재할까, 아니면 존재하지 않을까? 왕예라면 이 질문에도 알 수 없다고 대답할 것이다.

한편으로 생각하면 얼마나 무책임한 태도인가! 모른다는 말로 문제를 해결할 수 있단 말인가? 현대 사회는 모르는 것이 있으면 어떻게든 알아내고 해결해야 한다고 가르치며, 그런 노력을 기울이지 않는 삶은 무지하고 책임감이 없으며 타락한 삶이라고 비난한다.

그러나《장자》는 우리에게 전혀 상반된 가르침을 일깨워준다. "모르는 것을 안다고 하지 말라(강불지이위지強不知以爲知)"이다. 자신의 능력에 한계가 있음을 인정하고, 어떤 사물을 온전히 알 수 없음을 받아들이고, 자신과 다른 입장과 의견을 존중하라는 것이다.

내가 존경하는 영적 지도자 아디야샨티Adyashanti는 이렇게 말한다. "자신이 두뇌의 경계선에 있음을 발견할 때, 자신이 두뇌의 더 깊은 곳으로 갈 수 없음을 깨달을 때, 당신은 더 이상 사고하기를 멈추고 판단을 내려놓으며 알 수 없는 것을 껴안게 될 것이다. 미지의 것을 껴안을 때 당신은 비로소 겸손해진다. 이는 미묘하면서도 아름다운, 진정한 겸손함이다. 진정한 겸손함이란 외부를 향해 완전히 활짝 열린 상태이다. 이러한 상태에서, 자신이 알고 있는 것이 실제로는 얼마나 적은지 이해하려는 태도에서 우리의 의식은 비로소 달라진다."◆

우리 스스로가 나는 모른다는 사실을 받아들이고 이에 안주하며

◆ 아디야샨티의《고행의 역량受苦的力量》105쪽-옮긴이

더 이상 전전긍긍하지 않을 때, 우리의 내면은 맑아지고 생각 또한 유연해진다. 이를 통해 자신의 완고한 입장에서 해탈하면 더는 좁은 시야에 갇히지 않게 된다. 그때 비로소 모든 가능성이 드러나며, 이러한 변화는 우리 안에 내재한 창조력을 끌어올리는 데 큰 도움이 된다. 이처럼 '모른다는 것'을 인정하는 지혜는 대단히 귀한 가치임에도 현대 사회에서는 무척 받아들여지기 어려운 것이 현실이다.

허무주의자는 이루지 못할 일이 없다

나는 책을 좋아한다. 그런데 내가 책을 읽는 주된 목적은 더 많은 지식을 알기 위해서가 아니라 깊은 깨달음을 얻기 위해서다. 어떤 책은 이전까지 내가 생각했던 것과는 전혀 다른 사실을 알게 해주고 다른 관점에서 이해하게 해주어 마치 한 대 얻어맞은 듯한 충격을 준다. 전혀 몰랐던 사실을 알게 되면서 뿌리 깊게 박혀 있던 고정관념이 깨지는 순간, 마치 온몸의 경락이 하나로 뚫리는 것처럼 시원하고 상쾌해진다.

이러한 독서를 지속하다 보면 내면에서 저절로 창의력이 생겨나고, 한 가지 문제를 추리하는 과정에서 다른 개념까지 알게 되어 스스로 문제 해결 방법을 찾는 경우도 있다. 말 그대로 진정한 깨달음을 얻는 순간이다.

나쁜 교사는 사회가 옳다고 강조하는 신념을 주입시키는 데 급급해 우리의 내면이 고정관념으로 가득 차게 한다. 진정한 교사는 우리가 당연하게 믿고 있는 신념을 의심하게 만드는 교사이다. 많은 교사가 우리에게 특정한 지식과 가치를 가르치며 우리를 정해진 길로 이끌려 하지만, 이런 교육은 사람들의 사고를 경직시킨다. 만약 어떤 교사가 당신이 당연하다고 믿고 있는 가치관, 신념, 상식을 의심하며 다르게 생각해보라고 일깨운다면, 그 교사야말로 당신 인생에서 가장 중요한 귀인일 것이다.

학문을 추구하는 사람은 줄곧 신념을 굳히고, 도를 추구하는 사람은 줄곧 신념을 줄인다. 자신의 신념을 계속 줄이면 반드시 하지 않으면 안 된다는 생각을 더 이상 하지 않는다. 반드시 해야 하는 일이란 없으니 아무것도 하지 않을 자유를 얻게 된다.

위학일익爲學日益 위도일손爲道日損 손지우손損之又損 이지어무위以至於無爲 무위이무불위無爲而無不爲

_《노자》〈사십팔장四十八章〉 편

세상에는 훌륭한 철학 책이 많다. 많은 철학자는 책을 통해 자신이 중요하다고 믿는 가치를 독자에게 전하려고 애를 쓴다. 이때 책을 읽고 많은 깨달음을 얻으면서도 '세상에 완전한 진리는 없다'고 주장할 수 있다면, 또한 철학자들이 내세우는 진리는 그 사람의 의견일 뿐이라고 믿을 수 있다면, 그 사람은 철학자의 수준을 뛰어넘는다고 할 수 있다. 그 사람은 진정으로 자기 영혼의 위대한 멘토다.

장자의 주장과 비슷한 서양 철학 개념 중에 허무주의Nihilism가 있다. '진리는 존재하지 않는다', '인생의 궁극적인 의의 같은 건 없다'라는 사상이 허무주의로 귀결된다. 그런데 흥미롭게도 자기가 허무주의를 신뢰한다는 사실을 인정하려는 사람은 많지 않다. 허무주의자가 마치 세상을 어지럽히는 악마라도 된 듯하다.

허무주의자는 세상에 못할 일이 없다. 음주, 도박, 마약을 해도 상관이 없다. 인생에는 아무런 가치도 없고 무엇을 해도 의미가 없다고 생각하기 때문에 밑바닥까지 타락해도 개의치 않는다. 그런데 허무주의가 이러한 타락의 극치를 의미한다면, 철학 이론으로 신뢰할만한 가치가 전혀 없을 것이다.

우리가 '세상에 진리는 없다'라고 말할 때의 의미는 인생을 함부로 사는 것과는 전혀 다르다. '진리가 없다'는 것은 더 이상 진리에 집착하지 않는다는 의미이다. 인생에는 도처에 진리가 있으므로 한두 가지 가치에만 집착할 필요가 없다. '진리가 없다'는 말을 곧이곧대로 믿는다면 이것도 일종의 편집증이다. 이런 고집까지 함께 의심하지 않으면 온전히 자유롭게 사고한다고 볼 수 없다.

세상 어디에도 영원히 고수할 특정한 입장은 없다는 사실을 깨닫고, 동일한 사건을 한 가지 관점으로만 해석하지 않을 때 우리는 안과 밖, 위와 아래, 좌우 어떤 시각에서 보아도 사안을 입체적으로 이해하게 된다. 여러 방안 중에서 최선의 입장을 선택할 수 있고 각 결정이 저마다 어떤 결과를 가져오는지도 알게 되니, 잠재된 창의력 또한 현재 상황에 가장 적절한 반응을 야기하는 방향으로 발현될 수 있다.

결국 장자가 주장하는 무불위無不爲는 지켜야 할 최소한의 기준마저 무시하고 자기 마음대로 말하고 행동해도 된다는 의미가 아니다. 대신 현재 처해 있는 상황을 통찰해 다양한 관점에서 여러 방안을 선택하는 유연성을 지킨다는 의미로 봐야 한다.

나 자신을 죽인다는 것

厭 世 講 堂

나의 생각이라는 필터를 제거하기

앞에서 장자는 세상에 유일한 진리는 없기 때문에 우리가 가슴을 활짝 열고 다양한 가치관을 받아들여야 하며, 그 가치들이 모두 진실이라는 사실을 인정해야 한다고 주장했다. 그러나 현실에서 이런 생각을 가지고 살기란 무척 어려운 일이다. 옳고 그름, 좋고 싫음을 구별하지 않으면서도 어떻게 자기 기준을 가지고 살 수 있을까?

이 장에서는 개인으로서 갖게 되는 주관적인 입장과 관점을 벗어날 수 있는 방법을 소개하고자 한다. 《장자》는 이를 전국시대 최고의 미녀였던 여희를 예로 들어 설명했다.

> 여희는 애나라 군주의 딸이다. 진나라 임금이 그녀를 왕비로 맞아들이자 여희는 너무 울어서 옷깃이 젖을 정도였다. 그러나 진나라 궁으로

들어가 임금과 편안한 침상에서 잠을 자고 맛있는 음식을 맛보고 나서는 비로소 자신이 운 것을 후회했다.

여지희麗之姬 애봉인지자야艾封人之子也 진국지시득지야晉國之始得之也 체읍첨금涕泣沾襟 급기지어왕소及其至於王所 여왕동광상與王同筐床 식추환食芻豢 이후회기읍야而後悔其泣也

_《장자》〈제물론〉 편

여희는 아주 작은 애나라 사람이었다. 어릴 때부터 고향을 벗어난 적이 없었던 여희는 바깥세상이 어떤 모습인지 전혀 알 길이 없었다.

여희는 바깥세상에 대해 자기만의 뿌리 깊은 신념을 가지고 있었다. 여희는 진나라에 가본 적이 없어서 진나라 수도가 어떤 모습인지도 전혀 몰랐다. 그럼에도 진나라가 아주 형편없는 곳이라고 굳게 믿었기에, 자신이 진나라로 시집을 가게 됐다는 사실을 안 후 몹시 슬퍼하며 눈이 붓도록 눈물을 흘렸다. 그런데 막상 가보니 자신의 예상과는 달리 진나라의 음식이 맛있고 임금은 무척 잘생겼으며, 그곳 사람들의 생활수준은 엄청나게 높았다. 그제야 여희는 자신이 얼마나 무지했는지를 깨달았다.

우리도 여희와 마찬가지이다. 경험하지 못한 드넓은 세상에 대해 아는 것이 하나도 없으면서 많은 고정관념에 사로잡혀 있다. 매사를 자신의 좁아터진 생각으로 해석한 결과는 사실과 동떨어진다. 그래도 우리는 자신이 내린 판단이 진짜라 믿고, 그 생각이 완전히 뒤집힌 후에야 자신이 사실은 아무것도 몰랐다는 사실을 인정한다.

사실은 없고 이에 대한 해석이 있을 뿐이다.

_《권력의지》, 프리드리히 니체Friedrich Nietzsche

니체가 한 이 말은 사실이라는 것이 존재하지 않는다는 의미가 아니다. 사실은 당연히 존재한다. 그러나 사람들이 사실을 인지하고 저마다 독특한 이해와 해석을 덧붙인다. 이렇게 시간이 지나면 처음 존재했던 사실은 어느새 희미해지고 저마다의 해석이 더 강하게 남는다. 해석이라는 것은 때때로 사실과 멀어질 수 있는데, 나는 이 상황을 스마트폰의 포토샵 어플에 비유한다. 가공하지 않은 원본 사진이 사실이라면 개인의 생각과 판단 기준은 필터인 셈이다. 원본과 비슷하면서도 필터를 거쳐 많이 달라진 사진은 해석에 비유할 수 있다.

우리는 저마다의 필터를 통해 세상을 바라본다. 인간은 세상에 태어난 이상 늘 필터를 가지고 세상을 바라볼 수밖에 없다. 우리는 나만의 생각이라는 필터를 통해 세상을 바라보고 인식하며 타인과 소통한다. 이런 시간이 쌓이면서 '나의 관점'이 만들어지는데 이것이 세상에 대한 나의 기본 신념이 된다.

나 자신을 마땅히 죽여야 하는 이유가 여기에 있다. 나의 관점을 죽이지 않으면 언제까지나 나의 입장에서 벗어나거나 나와 다른 방식으로 해석되는 세상을 이해할 수 없다. 스스로 만들어낸 상상 속 이미지에 자신을 가두기 때문에 자신과 다른 가치관을 이해할 수 없고 다른 사람과 소통할 수도 없다. 따라서 우리는 자신의 관점을 지키면서도 필요할 때는 이를 깨는 훈련을 죽을 때까지 계속해야 한다.

서둘러 답을 찾을 필요가 없다

모든 사물에는 다양한 면이 있다. 이쪽에서 보이지 않는 것이 저쪽에서는 보인다. 따라서 이쪽 면은 이쪽에 의지하며, 이쪽 면은 저쪽을 의지한다. 삶은 죽음에 의지하고 죽음은 삶에 의지하며, 가능한 것은 불가능한 것에 의지하고 불가능한 것은 가능한 것에 의존한다. 따라서 진정한 성인은 자신의 심지에 따라 춤추지 않으며 다른 관점에도 지혜의 빛을 비춘다. 이것이 있는 그대로를 받아들이는 태도이다.

물무비피物無非彼 물무비시物無非是 자피즉불견自彼則不見 자지직지지自知則知之 고왈故曰 피출어시彼出於是 시역인피是亦因彼 피시彼是 방생지설야方生之說也 수연雖然 방생방사方生方死 방사방생方死方生 방가방불가方可方不可 방불가방가方不可方可 인시인비因是因非 인비인시因非因是 시이성인불유是以聖人不由 이조지어천而照之於

天 역인시야亦因是也

_《장자》〈제물론〉 편

《장자》는 하나의 사물은 본래 다양한 면을 가지고 있으며, 서로 다른 입장에서 서로 다른 의견을 주장하기 때문에 누가 맞고 누가 틀린 것이 아님을 일깨운다. 지혜로운 사람은 절대로 자신의 심지를 맹목적으로 믿지 않는다. 그는 자신의 생각이 절대적이지 않고 변화될 수도 있음을 안다. 지금 모두가 옳다고 여기는 가치가 10년 후에는 틀린 것이 될 수도 있다.

흔히들 총명함과 지혜로움을 비슷한 뜻으로 쓰는 경우가 많지만 사실 이 두 가지는 전혀 다른 개념이다. 총명한 사람은 자신이 옳고 자기 생각이 가장 훌륭하고 정확하다고 믿기 쉽다. 하지만 지혜로운 사람은 겸손해서 쉽게 앞에 나서지 않는다. 지혜로운 사람은 자신이 모르는 사실에 대해서는 솔직하게 인정하고, 언제라도 자기 생각을 내려놓고 새로운 사상과 관념을 받아들일 준비가 되어 있다.

《장자》는 '모름'의 지혜는 아무리 꺼내어도 사라지지 않는 무궁무진한 보고寶庫라고 주장한다.《장자》는 상고시대의 명망 높았던 요堯 임금을 예로 들어, 우리가 어떻게 지혜롭게 자아의 벽mystifying barrier을 깰 수 있는지 알려준다.

모른다는 사실에 안주할 수 있다면 우리는 최고의 경지에 도달할 수 있다. 소리 없는 변론, 무언의 진리를 누가 이해할 수 있을까? 소리 없는 변론과 무언의 진리를 이해하는 사람은 이것이 모든 사람의 태생적 '보고'라는 사실을 알 것이다. 이 보고는 마치 큰 바다와 같아서 아무리 부어도 넘치지 않고, 아무리 마셔도 마르지 않는다. 그러나 그 원류가 어디에 있는지는 모른다. 이것이 이른바 '조용한 지혜의 빛'이다.

요가 순에게 물었다. "내가 종, 회, 서오를 정벌하고자 한다. 그런데 제왕인 나의 마음이 꺼림칙하니 그 까닭이 무엇인가?" 순이 대답했다. "이 세 나라는 아직 개화되지 않은 부족입니다. 그런 곳을 해방시키려 하는데 임금께서 석연치 않다니 무엇 때문이겠습니까? 옛날에는 열 개의 태양이 한꺼번에 떠올라 만물을 비추었다고 합니다. 하물며 지금 폐하의 덕은 열 개의 태양보다 훌륭합니다. 그러니 어찌 무력을 쓰시겠습니까?"

고지지기소부지故知止其所不知 지의至矣 숙지불언지변孰知不言之辯 부도지도不道之道 약유능지若有能知 차지위천부此之謂天府 주언이불만注焉而不滿 작언이불갈酌焉而不竭 이부지기소유래而不知其所由來 차지위보광此之謂葆光 고석자요문어순왈故昔者堯問於舜曰 아욕벌종我欲伐宗 회膾 서오胥敖 남면이불석연南面而不釋然 기고하야其故何也 순왈舜曰 부삼자자夫三子者 유존호봉애지간猶存乎蓬艾之間 약불석연若不釋然 하재何哉 석자십일병출昔者十日並出 만물개조萬物皆照, 而況德之進乎日者乎이황덕지진호일자호

_《장자》〈제물론〉편

요임금은 덕행이 깊기로 유명했다. 요는 이미 천하를 통일했으나 여전히 영토를 더 개척하고자 했다. 그는 변방의 종, 회, 서오라는 소국을 정벌하여 그곳 백성들에게 문명을 일깨워주고 싶었다. 이 세 나라는 아직 개화되지 않은 지역으로 문명이라 부를 것이 없었다. 요는 출정을 앞두고 마음에 걸리는 것이 있었으나, 그 까닭을 알 수 없어 신하 순에게 이유를 묻는다. 그러자 순이 이렇게 대답한다.

"임금께서는 덕망이 높으시지만 문화가 다르면 생각도 다를 수 있습니다. 세 소국을 정벌하면 그들에게 좋을 거라고 여기시지만 그들은 남의 통치를 받기 싫어할 것입니다. 스스로 훌륭한 덕행을 베풀었으니 세상 사람들이 기쁜 마음으로 임금께 복종할 거라 여기신다면 지나친 독선이 아니겠습니까? 지금 하늘에는 태양이 하나밖에 없어도 만물이 충분히 따뜻하다고 느낍니다. 그런데 하늘에 열 개의 태양이 뜬다면 사람들을 모두 태워 죽이지 않겠습니까? 누구도 자신의 가치를 남에게 강요하지 않아야 할 것입니다."

요임금의 정벌 계획은 분명 선의에서 출발한 것이었다. 그는 단지 약소국 백성들을 교화하여 그들에게 문명의 혜택을 주고자 했다. 그러나 이는 자아도취에 빠진 그의 일방적인 생각에 지나지 않는다. 임금은 그렇게 하는 것이 다른 사람에게 은혜를 베푸는 일라고 여겼으나, 받아들이는 쪽에서는 그렇지 않다는 사실을 몰랐던 것이다.

요임금의 마음이 꺼림칙했던 것은 그의 내면에 지혜의 빛이 작용했기 때문이다.《장자》는 누구나 내면에 지혜의 빛을 가지고 있으며, 아무리 자기팽창이 심한 사람도 삶의 어느 순간에는 지혜의 빛이 말을 걸어 자기 생각에 문제가 있는 것은 아닌지 돌아보게 만든다고 주장한다. 따라서 내면에 꾸준히 귀를 기울이는 사람은 자연스레 자신의 행동이 옳은지를 주기적으로 돌아보게 된다.

《장자》는 어떻게 하는 것이 좋을지 모를 때는 서둘러 답을 찾을 필요가 없다고 말한다. 내면을 돌아보고 지금의 상황에 순응하며 기다리면 어느 순간 자신의 판단력이 부족했다는 사실을 깨닫게 된다. 마음의 눈을 통해 세상을 바라보면 아무리 혼란스러운 현실에서도 광활하고 고요한 공간을 찾을 수 있다. 그곳은 논쟁도, 많은 말도 필요 없는 곳이다. (논쟁과 말이 필요한 것은 당신의 마음속이다.) 비록 우리의 내면은 언제나 쉬지 않고 떠들지만, 그 밑바닥에는 광활하고 고요한 공간이 있다. 이곳은 우리가 평소에는 관심을 갖지 않는 장소다. 심지는 바로 이 공간에서 활발해졌다가 소멸하기를 반복한다. 이곳이 바로《장자》가 말하는 보고이며, 지혜의 빛은 이곳에서 생겨난다.

내 안의 고요함을 찾고 싶다면

장자는 모든 사람의 내면에는 하나의 보고가 있는데, 이것은 마치 드넓은 바닷물처럼 아무리 써도 줄지 않고 아무리 채워도 넘치지 않는다고 했다. 다시 말해 우리가 보고를 찾을 수만 있다면 무한한 지혜를 바탕으로 세상 모든 문제를 처리할 수 있다. 그렇다면, 이 보고는 대체 무엇을 가리키는 걸까? 우리 내면에는 정말 보물창고와도 같은 것이 존재할까?

보고란 특정한 물건이 아닌 우리 안에 내재한 원초적 고요함이다. 평소 우리의 심지는 쉬지 않고 떠들면서 우리가 뭔가를 결정하고 판단하도록 이끈다. 이건 옳고 저건 그르다, 이렇게 하면 좋고 저렇게 하면 나쁘다, 이것은 정확하고 저것은 잘못되었다, 이것은 믿을 수 있고 저것은 믿을 수 없다 등등……. 유심히 살펴보면 우리의 내면은

단 1초도 고요할 틈이 없다는 걸 알 수 있다.

참으로 불가사의하다. 내 마음을 조절하는 존재가 나 자신이 아니란 말인가? 내가 내 생각을 결정할 수 없단 말인가? 그러나 사실상 인간에게는 결정권이 없다. 우리는 극심한 고통에 시달릴 때 자신의 정서를 통제해 고통을 줄일 수 없다. 즐거워서 어쩔 줄 모를 때, 뛸듯이 기쁜 마음을 누르고 차분하고 겸허한 상태로 돌아가기는 어렵다. 이때 나는 나 자신의 노예이며, 작은 자유조차 쉽게 누리기 힘든 존재임을 직시한다.

이때 내가 선택한 것은 참선이었다. 나는 참선을 배워 오직 한 가지 일에 마음을 안정시키고자 했다. 마음을 가라앉히고 조용하게 있으라고 스스로에게 외쳤지만, 마음이 더 시끄러워져 견딜 수가 없었다. 그러니 어떻게 조용해질 수 있겠는가? 그때 나는 결코 스스로 마음의 휴식을 취할 수 없다는 사실을 깨달았다. 단 1분도 불가능했다.

어느 날, 참선을 하다가 무한한 좌절감을 느낀 나는 차라리 포기하는 것이 낫겠다고 생각했다. 바닥에 누워 있던 나는 주먹을 꽉 쥐고 온몸이 뻣뻣해진 채 마치 궁지에 몰린 짐승처럼 꼼짝도 하지 않았다. 그때 갑자기 이런 생각이 떠올랐다. "그래, 너한테 졌다. 난 이제 죽었는데 날 어떻게 할 수 있겠어!"

너는 이미 죽었어. 너는 이미 영혼이 없는 존재이고, 더는 이 육체

안에서 살지 않아. 나 자신에게 묵묵히 말하자 꼭 쥐고 있던 주먹에서 힘이 스르르 풀리더니 온몸의 힘이 빠지는 것이 느껴졌다. 마치 바람 빠진 풍선처럼 전신이 힘없이 바닥에 널브러졌다. 마치 몸의 통제권을 잃은 것처럼 온몸의 피와 에너지가 제멋대로 흐르는 것을 느꼈지만 그것들을 통제할 수 없었다.

나는 유체이탈을 경험한 적은 없지만 그런 느낌과는 확실히 달랐다. 나의 심지는 여전히 또렷했다. 내가 아직 육신을 가진, 살아 있는 존재라고 느꼈다. 유일하게 달라진 것은 '중심'을 잃었다는 느낌이었다. 마치 신체의 모든 부위가 저마다 생명력을 가지고 따로 노는 느낌이었다. 내 사지가 더 이상 나에게 속해 있지 않다는 느낌. 그와 동시에 나의 심지가 여전히 떠들고는 있지만 더는 육체에 지시를 내리는 위치가 아님을 알았다. 마치 아무도 돌보지 않는 아이처럼, 심지가 내 안에서 큰소리로 울부짖었지만 나는 아무 영향도 받지 않았다.

순간 왈칵 두려움이 밀려왔다. 내가 정말 죽은 것은 아닐까? 내 육체가 제멋대로 흩어져서 다시는 내게 돌아오지 않을까 겁이 났다. 놀랍게도《장자》에는 이런 상태를 상세히 묘사한 구절이 있다.

> 나의 사지를 자르고 너의 사상을 없애고 형체와 심지를 모두 쫓아버린 후에야 너는 비로소 우주와 혼연일체가 될 것이다. 이것이 이른바 좌망◆이다.

타지체墮肢體 출총명黜聰明 이형거지離形去知 동어대통同於大通 차위좌망此謂坐忘

_《장자》〈대종사大宗師〉 편

흥미롭게도 내가 중심을 잃자 심지는 마치 줄이 끊어진 연처럼 제멋대로 움직이며 멀어졌지만, 나는 여전히 고요했다. 나는 방관자가 되어 아무것도 하지 않았지만 몸도 마음도 생각도 스스로 움직였다. 내 몸과 마음에 전혀 개입하지 않고 내버려두자 그것들이 더는 나를 속박하지 않는다는 걸 알게 된 것이다.

두려움이 사라진 후 나는 전에 없던 홀가분함을 느꼈다. 마침내 내 안에 있는 보고를 찾은 것이다! 한 번도 느껴보지 못한 감정이었다. 나의 마음은 형언할 수 없는 원초적인 고요함으로 가득했다.

우리는 평소에는 내부의 고요함을 전혀 의식하지 못한다. 심지가 미친 듯이 떠들어대기 때문에 주의력이 자꾸 외부로 쏠리는 것이다. 심지가 함부로 날뛰게 하지 않고 한 걸음 물러나 있게 한다면 어느 순간 자신이 내면의 광활한 고요 속에서 어떠한 말이나 논쟁도 없는 상태를 갈망하고 있음을 발견하게 된다. 다음 장에서 이에 대해 더 구체적으로 알아볼 것이다.

◆ 좌망坐忘이란 '잊기 때문에 잊는 것', 즉 어떠한 목적이나 이유 없이 갑자기 잊는 것을 의미한다. 지금 이 순간 자신의 의지가 완전히 없어지고, 잊겠다는 사람마저 자신이 잊는다는 사실을 잊은 상태이다.

고요,
가장 위대하고 풍성한 소리

《장자》〈제물론〉의 서두에 이런 글이 있다.

> 남곽자기가 탁자에 기대 앉아 고개를 들고 길게 숨을 내뱉자 몸 전체가 마비되며 영혼이 몸 밖으로 나온 것 같았다. 그의 제자인 안성자유가 옆에서 이를 지켜보고 말했다. "스승님, 어쩐 일이십니까? 육체는 진실로 시든 나무와 같아지며 마음은 진실로 불 꺼진 재와 같아질 수 있는 것입니까? 지금 안석에 기대고 계신 모습은 이전에 책상에 기대시던 모습이 아닙니다."
>
> 그러자 남곽자기가 대답했다. "자유야, 나의 이런 상태가 좋지 않으냐? 어찌 그렇게 묻는단 말이냐? 나는 이미 나 자신을 죽였는데 너는 그것을 모른단 말이냐?"

남곽자기은기이좌南郭子綦隱幾而坐 앙천이허仰天而嘘 답언사상기우荅焉似喪其耦 안성자유립시호전왈顔成子遊立侍乎前曰 하거호何居乎 형고가사여고목形固可使如槁木 이심고가사여사회호而心固可使如死灰乎 금지은기자今之隱幾者 비석지은기자야非昔之隱幾者也 자기왈子綦曰 언偃 불역선호이문지야不亦善乎而問之也 금자今者 오상아吾喪我 여지지호汝知之乎

_《장자》〈제물론〉 편

남곽자기는 마치 죽은 것처럼 '몸은 시든 나무와 같고 마음은 불 꺼진 재와 같은' 상태가 된다. 이러한 묘사는 매우 부정적으로 들리지만 실제로는 오묘하기 그지없다. 이는 남곽자기가 사고와 행동의 중심을 완전히 상실해 거짓 자아로부터 조종당하지 않는다는 뜻이다. 그는 자아를 죽이고 생명의 가장 원초적인 고요함으로 회귀해 진정으로 의지할 곳을 찾았다.

남곽자기는 이어 제자에게 가르침을 주었다. 자신의 거짓 자아를 죽인 후 그는 미묘한 음악을 들었는데 이를 천뢰天籟라고 한다. 요즘 말로 번역하면 '우주의 피리소리'이다.

남곽자기가 말했다. "너는 사람의 음악소리는 들었어도 대지의 음악소리는 들은 적이 없을 것이다. 너는 대지의 음악소리는 들은 적이 있어도 우주의 음악소리는 들은 적이 없을 것이다."

"스승님께서 그 이치를 설명해주십시오." 자유의 요청에 남곽자기가 말했다.

"대지가 내뿜는 숨결을 바람이라고 한다. 바람이 일지 않으면 모를까, 일단 일면 모든 구멍이 요란하게 울린다. 너는 큰 바람소리를 들어본 적이 있느냐? 그 바람이 높이가 다른 산을 뒤흔들면 백 아름이나 되는 큰 나무의 온갖 구멍은 코와 입과 귀와 같다. 또는 술잔이나 절구통과 같으며, 연못과 웅덩이도 저마다 소리를 내기 시작한다.

이런 수많은 구멍은 바람이 불어오면 물결이 세차게 흐르는 소리를 내기도 하고 화살 날아가는 소리, 포효하는 소리, 숨을 들이쉬는 소리, 외치는 소리, 울음소리, 웃음소리, 슬픈 탄성 소리를 내기도 한다. 앞의 바람이 '우' 소리를 내면 뒤따르는 바람은 '오' 소리로 응답한다. 산들바람은 나지막하게, 돌개바람은 거세게 응답한다. 그러나 바람이 그치면 모든 구멍이 다시 조용해진다. 너울너울 움직이는 나뭇가지와 잎사귀 소리를 들어본 적이 없는 것은 아니겠지?"

"스승님의 말씀대로라면 대지의 음악소리는 구멍에서 나는 것이고 사람의 음악소리는 악기에서 나는 것인데, 그럼 우주의 음악소리는 어디에서 나는 것입니까?"

"소리는 각각 다르지만 우주가 그들을 자유롭게 내버려두는 것이다. 각자 자유롭게 스스로 소리를 내는 것인데, 우주가 어찌 움직이게 할 수 있겠느냐?"

남곽자기왈南郭子綦曰 여문인뢰이미문지뢰女聞人籟而未聞地籟 여문지뢰이불문천

뢰부女聞地籟而不聞天籟夫 자유왈子遊曰 감문기방敢問其方 자기왈子綦曰 부대괴애기夫大塊噫氣 기명위풍其名爲風 시유무작是唯無作 작즉만규노효作則萬竅怒呺 이독불문지료료호而獨不聞之翏翏乎 산림지외가山林之畏佳 대목백위지규혈大木百圍之竅穴 사비似鼻 사구似口 사이似耳 사계似笄 사권似圈 사구似臼 사와자似窪者 사오자似汙者 격자激者 학자謞者 질자叱者 흡자吸者 규자叫者 호자譹者 요자宎者 교자咬者 전자창어이수자창우前者唱於而隨者唱喁 영풍즉소화泠風則小和 표풍즉대화飄風則大和 려풍제즉중규위허厲風濟則眾竅爲虛 이독불견지조조지조조호而獨不見之調調之刁刁乎 자유왈子遊曰 지뢰칙중규시이地籟則眾竅是已 인뢰즉비죽시이人籟則比竹是已 감문천뢰敢問天籟 자기왈子綦曰 부취만부동夫吹萬不同 이사기자기야而使其自己也 함기자취鹹其自取 노자기수야怒者其誰邪

_《장자》〈제물론〉 편

《장자》는 이 이야기를 통해 고요함의 중요성을 강조한다. 음악홀을 설계할 때 가장 중요한 것은 방음 설비이다. 음악홀 내부는 절대적으로 고요해야 하며, 그렇지 않으면 아무리 위대한 음악가라도 소음 때문에 훌륭한 연주를 할 수 없다. 고요함은 별것 아닌 것 같지만 모든 소리의 기초가 된다. 고요함 없이 어떤 음악도 존재할 수 없다. 고요함은 가장 위대하면서 가장 간과하기 쉬운 것이기도 하다.

우리는 사회에 부대끼며 사는 동안 여러 소리에 익숙해진다. 그러면서 대자연의 소리가 얼마나 위대하고 풍성한 음악인지 실감하지 못한다. 대자연의 소리를 들을 수 있다 해도 대자연이 들려주는 모든 소리를 들을 수는 없다. 대자연 본연의 고요함이야말로 아무 간섭도 받지 않는 '배경음'이다.

우주는 가장 위대한 고요함이다. 우주는 가장 광활하고 적막한 공간이다. 끝이 보이지 않는 드넓은 공간에서 자궁처럼 만물을 키워내고, 만물이 세상이라는 무대에서 스스로 드러나고 스스로 소멸하게 한다.

남곽자기는 자신이 가상의 자아를 죽인 후에 비로소 자신과 우주 사이에 있던 가림막이 제거되었다고 했다. 그의 내면은 줄곧 광활하고 고요했으며, 이 절대적인 고요함을 우주와 공유하고 있었다. 다만 평소에는 심지가 지나치게 소란해서 느끼지 못했을 뿐이다. 일단 우리가 이 고요함에 안주할 수 있다면 가장 먼 곳으로부터 전해지는 가장 진실하고 아무 소음도 섞이지 않은 음악을 들을 수 있다. 이것이 하늘의 피리, 즉 천뢰天籟이다.

악기인 피리는 사람이 불어서 연주한다. 땅의 피리는 바람이 불어서 연주하며, 하늘의 피리는 불어줄 존재가 필요하지 않다. 그저 무엇이든 공기를 타고 각자 알아서 소리를 낼 뿐이다. 따라서 하늘의 피리를 소리 없는 소리라고도 하는데, 이것이 바로 진정한 자아, 즉 무아無我의 나다.

나라는 존재에 집착하지 않고 모든 생각과 정서가 스스로 드러나게 내버려둔다면 놀라운 사실을 발견할 수 있다. 내 의지로 사고하고 판단한다고 생각했는데 사실은 그렇지 않다는 것이다. 우리의 사고와 느낌은 저절로 생겨나기 때문에 떠오르는 생각을 인위적으로 그치게 할 방법은 없으며, 슬퍼하거나 분노하지 않을 방법도 없다. 우리 내면에서 발생하는 모든 것을 스스로 통제할 수 없다는 것이다. 그러므로 자신의 생각과 의식은 절대로 내가 아니다.

나는 끊임없이 떠드는 심지가 아니며, 격정에 넘치는 정서와 느낌도 아니다. 그동안 나라고 부르는 존재를 잘못 인식하고 있었다는 사실을 깨닫는 순간 무한히 팽창하는 나는 저절로 사라진다. 그것은 원래부터 존재하지 않았기 때문이다.

우리의 심지는 여전히 시끄럽고 격정에 넘치지만, 나 자신은 이미 방관자의 입장에서 심지를 처리할 수 있게 되었으며 그 무엇의 통제도 받지 않는다. 우리가 자신으로부터 속박받지 않으면 어떤 사물에 대해 단정적으로 평가하지 않게 된다. 그리하여 마침내 자신과 다른 입장을 받아들이고 다양한 의견에 귀 기울이는 법을 배우며, 자신과 사물의 원래 모습을 받아들일 수 있게 된다. 《장자》는 이런 느낌을 '하늘의 피리'를 경청하는 듯하다고 비유한 것이다.

장자와 나비는 정말 꿈을 꾼 것일까?

厭 世 講 堂

진짜라고 믿었던,
익숙한 잠의 세계

내가 언젠가 꿈에서 한 마리 나비가 되었을 때, 나는 정말 나비가 된 줄 알았다. 이것이 내가 바랐던 인생이라고 생각했으며, 당시에는 장주가 누구인지 전혀 몰랐다. 잠에서 깬 후 나 자신이 바로 장주라고 확신했다. 장주가 꿈에서 나비를 본 것인지 나비가 장주를 본 것인지 알 수 없다. 분명 장주와 나비의 생각은 전혀 다를 것이다. 이를 물화라고 한다.

석자장주몽위호접昔者莊周夢爲胡蝶 허허연호접야栩栩然胡蝶也 자유적지여自喩適志與 불지주야不知周也 아연각俄然覺 즉거거연주야則蘧蘧然周也 불지주지몽위호접여不知周之夢爲胡蝶與 호접지몽위주여胡蝶之夢爲周與 주여호접周與胡蝶 즉필유분의則必有分矣 차지위물화此之謂物化

_《장자》 〈제물론〉 편

이 글은《장자》중에서도 사람들에게 가장 많이 알려진 '장주몽접'이다. 이 이야기는 누구나 한번은 들어봤을 테지만, 의미를 제대로 아는 사람은 많지 않다.

이 이야기는 케케묵은 '통 속의 뇌 이론'◆도 아니고, 심지나 언어 차원에서 자신이 가상 현실에서 살고 있는지 여부를 따지는 것도 아니다.《장자》는 이 이야기를 통해 우리가 꿈을 꾸고 있을 때조차 꿈은 우리에게 깨어날 가능성을 알려준다는 점을 지적한다. 다시 말해 꿈은 우리를 깊은 잠에 빠져들게 하지만 꿈에서 깨게 만들기도 하며, 우리가 꿈을 진지하게 응시하면 저절로 사라진다는 것이다.

앞의 글을 다시 읽어보자. 어느 날 장자가 잠을 자는데 꿈속에서 자신이 나비가 되었다. 그는 나비에 동화되어 무척 즐거운 시간을 보냈으며, 자신이 사람이라는 것을 전혀 인식하지 못했다. 장자는 잠에서 깬 후에야 바로소 자신은 나비가 아니며, 자신이 겪은 모든 것이 가상에 불과하여 아무 의미가 없다는 사실을 발견했다.

꿈에서 깨어난 장자는 자신이 나비가 아니라는 사실을 알았으니 이야기는 이것으로 끝난 셈이다. 하지만 진짜 이야기는 지금부터 시작된다. 장자는 혼란에 빠진다. 방금 전까지만 해도 자신이 나비임을

◆ 르네 데카르트의 회의주의를 대표하는 회의주의 사고실험. 외부 세계에 대한 우리의 믿음이 전부 가짜일 수 있다는 가능성을 피력한다. 하버드대학교 힐러리 퍼트넘Hilary Whitehall Putnam 교수가 1981년에 제시했다.

믿어 의심치 않았는데 이제는 자신이 장자라는 사실을 깨달은 것이다. 그렇다면 이것도 또 하나의 꿈이 아닐까? 잠시 후에 또다시 불현듯 잠에서 깨어나 자신이 나비임을 알게 되거나, 또 다른 존재로 변하는 것은 아닐까?

나비는 장자의 인생에 갑자기 생긴 여백에 비유할 수 있으며, 이 여백을 통해 지혜의 빛이 침투한다. 이 빛은 장자를 깊은 잠에서 완전히 깨어나게 한다. 만약 장자가 꿈을 무시했다면 그는 계속 잠에 빠져 있었을 것이다.

여기서 '깊은 잠'이란 자신이 진짜라고 믿는 익숙한 세상에서 살아가는 것을 의미한다. 익숙한 세상에서 생존하기 위해 우리는 성장하는 동안 너무나 많은 신념을 스스로에게 주입한다. 사랑은 무엇이고 미움은 무엇인지, 산다는 것과 죽는다는 것은 대체 뭔지, 무엇이 옳고 그른지, 무엇이 좋고 나쁜지, 무엇이 정의이고 무엇이 부조리인지, 무엇이 성공이고 무엇이 실패인지, 무엇이 자유이고 무엇이 구속인지…….

우리는 이런 신념을 지나치게 맹신한다. 어린 시절 읽은 동화에 감명받아 평생 진실한 사랑을 꿈꾼다. 그래야 행복한 삶이 완성된다고 믿고 성인이 되어서도 계속 진실한 사랑을 찾아 헤매다가, 마침내 꿈에 그리던 사랑을 만났다고 믿는다.

그러나 어느 순간 모든 것이 환상에 불과했다는 사실을 아는 순간 가슴이 찢어진다. 날마다 방황하면서 자신은 평생 불행하고 고독하며 비참한 말년을 보낼 거라 생각한다. 자신만이 아니라 주변 사람들도 마찬가지이다. 수많은 영화와 드라마, 소설에서 이렇게 말하니 당연히 이게 진짜라고 믿게 된다.

그러나 이런 감정은 절대 진실이 아니다. 나는 무수한 슬픔과 절망을 겪은 후 오히려 혼자서도 아쉬움 없이 잘 지낼 수 있다는 걸 인정할 수 있었다. 우리는 살면서 지금까지 믿어왔던 가치가 깨지는 경험을 숱하게 한다. 그러나 현실을 받아들이고 싶지 않아 눈과 귀를 막고 자신의 판단에 집착한다. 이것이야말로 미친 짓이다! 옆에서 아무리 흔들어도 잠에서 깨어나기를 거부하고 계속 꿈을 꾸겠다고 고집하는 격이나 다름없다. 심장이 찢어질 정도로 마음이 고통스러워도 현실을 거부하고 계속 꿈속에 머물겠다는 심리와 다를 바가 없다.

우리는 스스로 안정된 세상에 살고 있다고 여긴다. 내일 아침에도 여전히 해가 떠오를 것이고, 주변의 모든 것은 늘 그랬듯이 같은 방식으로 움직일 거라고 믿는다. 우리는 자기 손에 쥔 것을 모두 자기 것이라고 믿는다. 우리는 주도적이어서 자신의 인생을 스스로 통제할 수 있다고 믿는다. 삶이 완전히 극적으로 변화되어 말 그대로 자신이 통제할 수 없는 수준이 되지 않는 한, 거의 모든 사람은 이렇게 생각한다. 내가 내 인생을 통제하고 있으며, 지금처럼 노력하고 주의하면 언젠가는 원하는 것을 얻을 수 있다고 말이다.

하지만 이런 생각은 그야말로 환각에 불과하다. 아무리 노력해도 내 인생을 통제할 수 없다고 어쩔 수 없이 인정해야 하는 때가 있다. 특히 뜻밖의 사고를 당하거나 중요한 뭔가를 잃었을 때 더욱 그렇다. 물론 초반에는 극심한 고통에 빠져 이러한 사실을 받아들일 수 없을 것이다. 우리 인생은 스스로 주도하는 것이라는 신념과 완전히 배치되기 때문이다. 똑똑한 사람일수록 자신이 착각했을 수도 있다는 사실을 받아들이지 못한다. 지금까지 자기 인생을 충분히 현명하게 계획하고 이끌어왔기 때문이다. 이런 세상이 어떻게 가상일 수 있단 말인가? 말도 안 된다!

장주몽접은 아무리 진실처럼 보이는 현상도 거짓일 수 있으며 언젠가는 그 사실이 드러난다는 점을 강조한다. 유심히 응시하면 언젠가 틈이 드러나면서 무너진다. 확신에 찬 뿌리 깊은 신념도 마찬가지이다. 이런 것이야말로 세상에서 가장 불필요한 고집이다.

깊은 잠은 우리가 현실을 냉철하게 바라보고 이성적으로 고민하기를 외면하려 하는 상태, 자기만의 신념으로 똘똘 뭉쳐 현실을 인정하지 않고 아무런 자각 없는 생활을 계속하겠다는 태도를 상징한다. 정말 지혜로운 사람은 눈을 똑바로 뜨고 현재 인생이 과연 자신에게 어떤 정보를 주는지 살피며, 수시로 자신의 생각을 점검한다.

사람들은 생각과는 달리 심각한 타격 앞에서도 현실을 직시하려 하지 않는다. 하지만 지혜로운 사람은 언제라도 받아들이고 내려놓을 줄 아는 용기를 학습한다. 살아가면서 겪는 작은 상실과 이별을 통해 사랑하는 사람이 떠날 때와 자신이 불치병에 걸렸을 때 대처하는 방법 등을 이런 식으로 배운다.

각성, 세상일에 대처하는 현명한 태도

> 꿈에서 즐겁게 술을 마신 사람은 깨어나서 슬프게 울고, 꿈에서 슬프게 울던 사람은 깨어나서 즐겁게 사냥을 떠난다.
>
> 몽음주자夢飮酒者 단이곡읍旦而哭泣 몽곡읍자夢哭泣者 단이전렵旦而田獵
>
> **_《장자》〈제물론〉 편**

〈제물론〉에 소개된 이 이야기는 매우 흥미로운 현상을 보여준다. 우리가 꿈을 꿀 때는 자신이 꿈을 꾸고 있다는 사실을 모른 채 그 상황에 몰두한다. 꿈에서 마주한 사건에 울고 웃으며 스스로 빠져나오지 못한다. 그러나 잠에서 깨어난 후에 모든 것이 꿈이었음을 깨달으면, 더 이상 꿈의 영향을 받지 않는다.

여기서 핵심은 우리의 '정서'이다. 우리가 어떤 일이 실제로 발생했다고 믿을 때는 그때의 감정을 어떻게 조절해야 할지 잘 모른다. 그저 감정에 사로잡혀 그 일이 정말 일어났다고 굳게 믿게 된다. 진짜가 아니라는 것을 온몸으로 자각하지 않으면 감정의 소용돌이에 빠져 스스로를 제어하지 못한다. 이것이 진짜가 아니라는 것을 자각할 때 가장 좋은 방법은 그 감정에서 벗어나는 것이다. 《장자》는 장주몽접을 통해 우리가 꿈에서 깨어날 방법이 있는지 묻는 것이다.

> 꿈을 꿀 때는 자신이 꿈을 꾸고 있는지 모른다. 꿈속에서도 꿈을 꾸는데, 깨고 나서야 자신이 꿈을 꾸었음을 안다. 그가 진정으로 깨어난 후에야 깨어난 것 자체가 사실은 또 하나의 꿈이었음을 안다는 것이다.
>
> 방기몽야方其夢也 부지기몽야不知其夢也 몽지중우점기몽언夢之中又占其夢焉 각이후지기몽야覺而後知其夢也 차유대각이후지차기대몽야且有大覺而後知此其大夢也
>
> **_《장자》〈제물론〉 편**

《장자》는 꿈속에 또 다른 꿈이 존재한다고 주장한다. A가 깨어난 후 자신이 B임을 알고, B가 깨어난 후 자신이 C임을 깨닫는다. C는 깨어난 후 자신이 D임을 알고…… 그러다가 문득 꿈은 여러 겹으로 이루어져 있으며 거기서 깨어나도 또 다른 꿈속으로 들어갈 뿐, 깨어난다는 것 자체도 꿈의 일부라는 사실을 알게 된다. 우리는 한 가지 신분으로 존재하는 한 여전히 꿈속에 있다. 완전히 소멸하지 않는 한 우리는 진정으로 깨어날 수 없다. 인생은 무궁무진한 꿈의 반복이며, 우리는 이 꿈에서 영원히 벗어날 수 없다. 계속 꿈꾸는 상태로 수많은 윤회를 거듭할 뿐이다. 어찌 보면 대단히 절망적이다.

> 그러나 어리석은 사람은 때때로 자기가 깨어났다고 여기며 의기양양한 모습을 보인다. 마치 공자처럼 모든 것을 안다는 듯이 행동하며 거창한 도리를 내세우니 그 고집스러움이 극에 달한다. 사실 공자와 당신 모두 꿈을 꾸고 있으며, 당신이 꿈을 꾸고 있다고 내가 말하는 것마저 꿈이다. 이런 모순덩어리의 말은 그 자체로 기괴하다. 오랜 세월이 지나고 위대한 성인이 나타나 내 말을 해석한다면 마치 아침부터 기다린 사람을 저녁이 되어서야 만나는 심정일 것이다.
>
> 이우자자이위각而愚者自以爲覺 절절연지지竊竊然知之 군호君乎 목호牧乎 고재固哉! 구야丘也 여여개몽야與女皆夢也 여위여몽予謂女夢 역몽야亦夢也 시기언야是其言也 기명위조궤其名爲吊詭 만세지후萬世之後 이일우대성지기해자而一遇大聖知其解者 시단모우지야是旦暮遇之也
>
> **_《장자》〈제물론〉 편**

진정으로 꿈에서 벗어날 수 없음에도 불구하고 우리는 살아가면서 수많은 순간마다 진실로 깨어 있다고 느낀다. 이 순간이 가상이라고 느끼고, 자신이 결코 진실한 존재가 아님을 깨닫고 완전한 자유를 얻는 그 순간에 당신은 또다시 각성 상태가 된다. 그러나 많은 사람이 각성 상태를 거친 후에도 그 경험을 단단히 붙잡고 놓아주지 않는다. 오히려 '나는 깨어 있는 사람'이라고 자처하며 자기팽창에 빠진다. 자신이 각성했음을 사람들에게 알리는 데 급급하고, 심지어 자신이 깨달은 이치를 다른 사람에게 강요하며, 다른 사람의 인생을 지도하는 것을 사명으로 삼는다. 수많은 대사大師와 존자尊者는 이렇게 해서 생겨난 이들이다. 이런 사람들은 자신이 각성한 존재임을 과시하며 본인 스스로에게 확실한 의무를 부여하지만, 이런 행위야말로 오히려 그 사람이 결코 완전히 깨어나지 못했다는 증거이다.

《장자》는 공자야말로 이런 부류라고 꼬집었다. 온종일 입으로는 군신과 부자, 인륜대의를 내세우며 마치 모르는 것이 없는 대사처럼 행동하지만 공자야말로 꿈꾸는 상태에 가장 깊게 빠져 있다는 것이다. 진심으로 각성한 사람이라면 자신이 여전히 꿈속에 있음을 분명히 의식하고, 각성한 상태마저 한갓 꿈에 불과하다는 사실을 인식한다. 진정으로 깨어 있는 사람은 모든 것이 구름이나 연기처럼 금방 사라져버린다는 사실을 알기에 무엇에도 집착하지 않고, 자신을 '깨어 있는 자'라 자처하며 다른 사람의 인생을 지도하려 하지도 않는다.

《장자》는 "당신이 꿈을 꾸고 있다고 내가 말하는 것 자체도 꿈이다"라고 주장한다. 어차피 꿈속이어서 아무것도 진실하지 않다면, 진실을 말하는 행동도 당연히 진실이라고 믿을 수 없다. 이것이《장자》의 의미이다. 당신이 정말 꿈을 꾸고 있음을 안다면, 스스로 깨달은 모든 것도 꿈에 불과함을 알게 될 것이다. 설사 그 꿈이 100퍼센트 진리라 해도 그 진실성은 보장할 수 없다. 왜냐하면 꿈에서 벗어나는 순간 모든 것은 아무것도 아니기 때문이다.

따라서 나는 이렇게 주장한다. 각성이란 어떤 사람이 꿈에서 벗어나 현실 세계로 돌아오는 것을 의미하는 것이 아니다. 각성이 의미하는 것은 세상 일에 대처하는 모종의 태도이며, 비록 꿈속에 있더라도 그 꿈을 인정하지 않는 것이다. 각성은 꿈속의 모든 것이 결코 현실이 아님을 분명히 깨닫는 것이다. 자신이 '스스로 깨어 있다고 착각하고 있는' 것까지 포함해서 말이다.

핵심은 꿈을 없애는 것이 아니라 꿈을 인정하지 않는 것이다. 당신의 꿈속에서 일어나는 모든 일을 인정하지 않을 때 당신은 결코 휘둘리지 않을 것이며, 그때부터 진정한 자유를 얻을 것이다.

비어 있어야 변화할 수 있다

다시 장주몽접 이야기로 돌아가자. 나비 꿈에서 깨어난 장자는 자신이 꿈에서 나비를 본 것인지, 나비가 꿈에서 자신을 본 것인지 의심하기 시작한다. 과연 꿈을 꾼 쪽은 누구인가? 진정한 나는 과연 어느 쪽인가? 모든 독자들이 이 질문의 답을 궁금해할 것이다. 그런데 애석하게도 장자는 해답을 제시하지 않았다. 《장자》의 결론은 다음과 같다.

> 장주와 나비의 생각은 분명히 다를 것이다. 이를 물화라고 한다.
>
> 주여호접周與蝴蝶 즉필유분의則必有分矣 차지위물화此之謂物化
>
> _《장자》 〈제물론〉 편

장자의 입장에서는 자신이 진짜이고 나비는 꿈에 불과하다고 느꼈을 것이다. 그러나 나비의 입장에서는 자신이 진짜라고 느낄 것이며, 장자가 무슨 생각을 하는지 신경 쓸 필요도 없을 것이다. 그렇다면 우리는 이 이야기의 전제조건을 의심하지 않을 수 없다. 과연 꿈을 꾸는 사람이 정말 존재하기는 할까?

장자와 나비는 전혀 다른 개체이자 상호 배타적인 존재이다. 장자도 나비도 서로 자신이 진짜라고 여긴다. 그런데 장자와 나비 모두 가상의 존재이거나, 아니면 모두 현실의 존재일 가능성은 없을까? 객관적 기준으로 진위를 판단할 수 없다는 말은 꿈을 꾸고 있는 사람 자체가 없다는 의미는 아닐까?

진정한 각성이란 자신이 장자도 나비도 아니며, 형상이 없고 정의될 수도 없는 허무임을 깨닫는 것이다. 장자가 그렇다면 그런 것이고 나비가 그렇다면 그런 것이며, 나와는 상관이 없다. 그렇다면 실제 나는 누구일까? 누구도 알 수가 없다. 나는 범주를 정할 수 없는 '허무'이기 때문에 자신을 어떻게 묘사할지 모르며, 나 자신이 과연 누구인지도 개의치 않는다. 따라서 장자가 나인지 나비가 나인지 알려면 모든 가능성을 열어놓아야 한다.

나의 존재가 없다는 이유로 무아無我를 진아眞我라고 말할 수도 있다. 진아란 말을 진실한 내가 존재한다는 의미로 오해하기 쉬운데 결코 그렇지 않다. 무아란 내가 존재하지 않는다, 나는 완전히 텅 비어 아무것도 없는 존재라는 뜻이다. 비어 있어야 모든 변화와 가능성을 받아들일 수 있다. 이것이 바로《장자》가 말하는 물화物化, 즉 사물에 따라 변화하는 것이다.

'내가 없다'는 사실을 깨닫는 것이 각성이라면, 각성하는 존재 자체가 없다고 말할 수 있다. 장자도 나비도 각성하지 않았다. 장자와 나비는 모두 무대 위의 배역일 뿐이며, 각성한다는 것은 무대를 떠난다는 것이다. 장자와 나비는 무대를 떠난 후에는 더 이상 존재하지 않는다. 그러면 무엇이 남을까? 무한한 허무뿐이다.

> 생과 사의 구별을 잊었고, 옳고 그름의 구별을 잊었다. 모든 것이 허무에서 시작되었다면 우리는 허무에 안주하리라.
>
> 망년망의忘年忘義 진어무경振於無竟 고우제무경故寓諸無竟
>
> **_《장자》〈제물론〉 편**

마크 트웨인이 남긴 마지막 이야기

《마크 트웨인의 미스터리한 이방인》은 작가의 미완성 유작이다. 이 작품의 주인공인 평범한 아이 테오도르는 어느 날 숲에서 놀다가 사탄을 만난다. 사탄은 무한한 마력을 가졌지만 마을에서 발생하는 모든 일을 수수방관한다.

테오도르는 사탄에게 마을 사람들을 구해달라고 애원하지만 사탄은 그들을 죽이거나 미치게 만들어버린다. 사탄은 사람들이 살아 있는 동안 더 많은 고난을 겪을 뿐이어서 죽어야 진정한 자유를 얻을 수 있다고 말한다. 사람들에게 영원한 즐거움을 주고 싶다면 그들을 미치게 만들어 평생 환상 속에서 살게 하는 방법밖에 없다는 것이 사탄의 주장이다.

이 책의 메시지에 동의하든 하지 않든, 결말만큼은 우리가《장자》를 이해하는 데 큰 도움을 준다. 내용 일부를 소개하면 다음과 같다.

사탄은 1년 동안 계속 모습을 드러냈으나 점차 횟수가 줄어들다가 언제부턴가 보이지 않았다. 그래서 나는 고독하고 우울했다. 나는 그가 우리가 살아가는 작은 세상에 흥미를 잃어서 나타나지 않는다고 생각했다.

어느 날 그가 마침내 나를 찾아왔을 때 나는 매우 기뻤지만 금세 기분을 가라앉혀야 했다. 내게 마지막 작별인사를 하러 왔다고 했기 때문이다. 그는 우주의 다른 곳에서 뭔가를 하느라 한동안 바쁠 것이라고 했다. 내가 살아 있는 동안 사탄을 만나는 일은 더는 없을 것이다.

"이제 떠나면 다시는 안 돌아오나요?"

"그렇단다. 그동안 함께 지낸 시간은 즐거웠지만 이제는 떠나야 한단다. 우리가 다시 만날 일은 없을 거야."

"이번 생에 안 된다면 다음 생은요? 다음 생에는 만날 수 있겠죠?"

그는 잠자코 있더니 조용하고 엄숙한 태도로 대답했다.

"다음 생은 없단다."

미묘한 떨림이 내 심장으로 전해졌다. 희미하고 확실하지는 않으나 축복과 희망으로 가득 찬 느낌이었다. 그 불가사의한 대답은 아마 정말일지도 모른다. 심지어 틀림없이 진실이었을 것이다.

"테오도르, 너는 한 번도 의심한 적이 없니?"

"없어요. 어떻게 의심할 수 있죠? 하지만 정말 그렇다 해도……."

"정말이란다."

가슴속 가득 감동이 샘솟았다. 그러나 그 감동이 입 밖으로 나오기도 전에 의문이 생겼다.

"하지만 우리는 다음 생을 본 적이 있고, 또 실제로 보았잖아요. 그러니까……."

"다음 생이라는 건 환상이란다. 결코 존재하지 않지."

"환상이라고요?"

"생명이라는 것 자체가 환상이자 꿈에 불과하지."

그야말로 마른하늘에 날벼락이었다. 세상에! 마음속으로 천 번도 넘게 그렇게 생각했는데!

"아무것도 존재하지 않는단다. 신도, 인간도, 우주도, 태양도, 달도, 별도 아무것도 없어. 그건 다 꿈이야. 공허한 공간 외에는 아무것도 존재하지 않지. 심지어 너조차도!"

"나도요?"

"너는 네가 아니야. 너는 살도 피도 뼈도 존재하지 않는 하나의 생각에 불과해. 나도 마찬가지고. 나는 꿈에 불과해. 너의 꿈은 네 상상력의 산물이란다. 조금 있으면 너도 모든 것을 알게 될 거야. 그러면 네 환상에서 나를 쫓아내고 나는 사라지겠지. 네가 상상으로 만들어 낸 나의 텅 빈 곳으로…….

너는 이미 오랫동안 고독했으니 애초에 의심하지 말았어야지. 네가 보고 듣고 느끼는 모든 것이 꿈이자 환상이며 허구일 거라고 의심하지 말았어야 해.

신의 입장에서 착한 아이를 창조하는 게 나쁜 아이를 창조하는 것보다 특별히 더 어렵지 않을 텐데 굳이 나쁜 아이를 만들지. 모든 사람을 행복하게 할 수 있지만 그렇게 하지 않아.

신은 사람들이 고통스러운 삶을 소중히 여기게 만들면서 한편으로는 자신이 원하는 대로 사람들의 목숨을 앗아가. 신의 천사는 노력하지 않고도 영원한 행복을 얻을 수 있지만 인간은 애를 써야 행복을 누릴 수 있어. 천사에게는 아무 고통을 주지 않으면서 인간은 병에 걸리도록 해. 정의와 자비를 사랑한다면서 지옥을 만들었지. 인간에게 도덕을 강조하면서 범죄를 저지르게 했고. 인간의 의지와 상관없이 태어나게 해놓고 행동에 대한 모든 책임을 인간 스스로에게 지워. 무엇보다, 너무나 불쌍하고 학대받는 노예들이 신을 숭배하게 하지!

이런 일은 꿈에서나 발생할 수 있다는 것을 이제 너도 알아야 해. 그들이 순수하면서도 유치한 미치광이이며, 자신이 상상력의 어리석은 산물임을 깨닫지 못했음을 너는 알게 될 거야. 요컨대 모든 것이 한갓 꿈이자 네가 만들어낸 환상이라는 거지.

너에게 말한 건 모두 사실이야. 세상 어디에도 신, 우주, 인간, 천국, 지옥 같은 건 없어. 모든 것은 어리석은 꿈일 뿐이야. 너 자신을 제외하고는 그 어떤 것도 존재하지 않아. 아니, 어쩌면 너 또한 그저 생각에 불과하지. 떠도는, 아무 소용없는, 갈 곳 없는, 공허한 영혼을 고독하게 떠도는 생각일 뿐이지!"

이렇게 사탄은 사라졌고, 남겨진 나는 아연실색했다. 사탄의 말이 사실이라는 것을 나는 알아버린 것이다.

깨어 있으면서도 꿈을 꾸는 사람

厭　世　講　堂

불공평의 기준은 누가 정하는 걸까?

《장자》는 모든 사람은 꿈속에서 살아가며, 꿈속에서 경험하는 것은 진실이 아니기에 그 상태에 머물고 집착하기를 그만두어야 한다고 주장한다. 우리는 자기 고집에서 벗어나 자신의 판단을 맹신하지 않아야 세상을 지혜롭게 바라볼 수 있으며 좋음과 나쁨, 많고 적음, 옳고 그름, 득과 실이 실제로는 존재하지 않는다는 사실을 깨닫게 된다.

작은 풀줄기와 거대한 대들보, 추한 여인과 아름다운 서시, 복잡하고 괴이한 모든 현상을 도의 관점으로 바라보면 모두 하나로 통한다.

고위시거정여영故爲是舉莛與楹 려여서시厲與西施 회궤휼괴恢恑憰怪 도통위일道通爲一

_《장자》〈제물론〉 편

아마도 이 말이 무슨 뜻인지 언뜻 이해하기 어려울 것이다. 그러나 우리가 꿈을 꾸고 있다고 상상하면 돈을 얻든 잃든 아무 상관이 없다. 어차피 모든 게 꿈이고 가상인데 우리가 진짜라고 오해하는 것뿐이다. 보통 사람들의 눈에는 모든 사물이 천차만별이지만 소위 각성한 사람이 보기에는 모든 것이 한갓 꿈일 뿐이다. 겉으로 드러나는 차이가 있을 뿐 모든 사물은 본질적으로 같아서 진정한 차이가 없다. 《장자》는 또 이렇게 말한다.

일단 나뉘면 성취를 얻고, 일단 성취하면 머지않아 파괴된다. 성취와 파괴가 균형을 이룰 때 만물은 하나로 귀결된다. 지혜로운 사람만이 만물과 하나가 되는 이치를 알고, 겉으로 드러나는 성패에 빠지지 않고 일상적인 이치를 따를 수 있다.

기분야其分也 성야成也 기성야其成也 훼야毁也 범물무성여훼凡物無成與毁 복통위일復通爲一 유달자지통위일唯達者知通爲一 위시불용이우제용爲是不用而寓諸庸

_《장자》〈제물론〉 편

우리는 어떤 것이 성공이고 실패인지 정말 모르는 걸까? 개인의 삶에서 보면 집과 직업, 돈이 있는 인생은 성공했다고 생각할 것이다. 그런데 우리는 이런 것을 얻는 대가로 얼마나 많은 자유와 시간을 빼앗기는가? 많은 돈을 벌지만 인생에서 가장 소중한 자유와 사랑을 잃는다면 이를 진정한 성공이라고 할 수 있을까? 사회 전체가 성공을 맹목적으로 강조하고 젊은이들에게 크게 성공한 사람의 비결을 배우라고 다그친다면, 그래서 인생의 가장 아름다운 시기에 당장 눈앞의 이익을 추구하느라 성공과 실패의 진정한 의미를 생각해볼 여유조차 갖지 못한다면, 그 사회는 얼마나 비참하고 형편없겠는가!

우리는 다른 사람이 자신보다 많은 것을 얻는 모습을 보면 세상이 불공평하다고 느낀다. 그런데 불공평하다는 것은 뭔가를 비교한다는 의미이며 비교에는 반드시 어떤 기준이 따른다. 문제는 이런 기준을 우리 스스로 정한다는 것이다. 결국 불공평하다는 것은 우리가 만들어낸 환상에 불과하다. 개인의 좁은 기준으로 어떤 것이 성공이고 어떤 것이 실패라고 단정하는 것이다. 그러나 '도'의 관점에서 보면 아무것도 아니다. 아니, 그런 판단 기준 자체가 존재하지 않는다.

우주의 관점으로 보면 만물에 귀천의 구별이 없다.

이도관지以道觀之 물무귀천物無貴賤

_《장자》〈추수秋水〉 편

우주가 우리에게 준 만큼 가져간다는 사실을 자각한다면 세상에 결코 불공평한 것은 없다는 사실을 알 수 있다. 공평하다, 불공평하다는 건 인간이 특정한 기준으로 매기는 대단히 표면적이고 가벼운 판단일 뿐이다. 일단 이 점을 깨달으면 우리는 현실에 만족할 수 있으며 사소한 득실과 성패에 집착하지 않을 것이다. 더 넓게 보면 그런 것들에는 진정한 의미가 없다는 사실도 깨달을 수 있다.

온 열정을 쏟아 일치를 추구해도 내면의 동일한 본질을 발견하지 못한다. 이것을 이른바 조삼이라 한다. 조삼이란 무엇인가? 한 노인이 자신이 키우는 원숭이들에게 "먹이를 아침에 세 개, 저녁에 네 개를 주겠다"고 하자 모두 화를 냈다. 그러자 말을 바꿔서 "아침에 네 개, 저녁에 세 개를 주겠다"고 하자 이번에는 모두 기뻐했다. 결과가 같은데도 원숭이의 반응이 달라지니, 그들의 요구를 따라주면 되는 것이다.
위대한 성인은 사람들의 서로 다른 주장을 이와 같은 방식으로 조화시킬 수 있다. 우주의 법칙을 이용해 모든 갈등을 그치게 하는 것, 이는 곧 찬성하는 쪽과 반대하는 쪽 모두에게 통하는 훌륭한 지혜이다.

노신명위일勞神明爲一 이부지기동야而不知其同也 위지謂之 조삼朝三 하위何謂 조삼朝三 왈曰 저공부서狙公賦芧 왈曰 조삼이모사朝三而暮四 중저개노衆狙皆怒 왈曰 연즉조사이모삼然則朝四而暮三 중저개열衆狙皆悅 명실미휴名實未虧 이희노위용而喜怒爲用 역인시야亦因是也 시이성인화지이시비是以聖人和之以是非 이휴호천균◆而休乎天鈞 시지위량행是之謂兩行

_《장자》〈제물론〉 편

노인이 원숭이에게 제안한 것이 조삼모사이다. 우선 적은 계약금을 건넨 후, 결과물을 확인하고 남은 것을 지급하고자 한다. 이는 노인에게 비교적 안전한 방법이다. 그런데 원숭이의 입장에서는 조사모삼이 더 유리하다. 먼저 많은 계약금을 받아 어느 정도의 수입이 보장되어야 헛수고할 가능성을 줄일 수 있기 때문이다.

이 이야기는 상대에게 무엇을 지급하든 그 총량의 많고 적음이 최종 결과에 전혀 영향을 미치지 않지만, 서로 입장이 다르면 선택이 달라진다는 점을 보여준다. 어떤 쪽을 선택해도 한쪽이 더 많은 이익을 보지 않기 때문이다.

이런 상황에서 지혜로운 사람이라면 개인의 득실을 따지지 않고 상황에 순응한다. 비록 당장은 손해를 보는 것 같아도 별로 개의치 않는다. 상황이 어떻게 변하든 우주의 법칙은 공평하기에 실제로는 아무것도 잃지 않는다는 사실을 알고 있는 것이다.

이는 결코 실패한 사람의 정신승리가 아니며, 눈을 가리고 실패를 인정하지 않으려 하는 태도도 아니다. 두 눈을 똑바로 뜨고 우주의 법칙을 직시하는 것이다. 본래 우주란 차면 기울고 기울면 다시 차며

◆《장자》에서 천균天鈞은 매우 중요한 개념으로 다양하게 해석된다. 첫째, 우주의 조화로운 운행인 '천운'을 의미한다는 해석이 있다. 둘째, 자연의 평균적인 이치를 지칭한다는 해석이 있다. 마지막으로 천균의 균鈞이 도균陶鈞, 즉 고대 도공이 둥글게 그릇을 만들듯 원만하게 처신하는 지혜를 상징한다는 해석이 있다. 이 세 가지 해석을 종합해보면 천균은 우주가 어떻게 변화하든 한쪽으로 치우치지 않고 모두 공평하며, 이를 닮아 둥글게 대처하는 성인의 처세의 지혜를 의미한다고 볼 수 있다.

'남는 곳에서 덜어내어 모자라는 곳에 보태는◆' 원리로 움직인다.

그러므로 지혜로운 사람은 세상에 영원한 이득과 손실도 성공과 실패도 없으며, 우주에서는 어떠한 불공평함도 없다는 사실을 알게 된다. 그렇기에 한때의 성공에 집착하지 않고 갑작스런 변화에 당황하지 않으며 신중하게 계획하고 판단할 수 있다.

> 불공평함과 비극을 믿는다는 것은 당신이 무지하다는 의미다. 애벌레가 세상의 마지막 날이라고 부르는 것을 스승은 나비라고 부른다.
>
> **_《환상》, 리처드 바크**Richard Bach

◆《노자》〈17장〉에 등장하는 개념. 우주의 도리는 활시위를 잡아당기는 것과 같아서 팽팽히 당기면 튕겨서 되돌아간다. 가장 낮은 위치로 튕겼다가 다시 돌아온다. 따라서 남는 곳은 덜어지고 부족한 곳은 채워진다. 우주의 도리는 많은 것을 덜어내어 부족한 곳에 채워준다. (천지도天之道 기유장궁여其猶張弓與 고자억하高者抑下 하자거지下者擧之 유여자손지有餘者損之 부족자보지不足者補之 천지도天之道 손유여이보부족損有餘而補不足)

삶과 죽음에
집착하지 않으려면

세상에 진정한 이득과 손실, 성공과 실패가 없다면 진정한 삶과 죽음도 없을 것이다. 이성적으로는 이득과 손실, 성공과 실패, 화와 복이 없다는 말이 무슨 의미인지 쉽게 이해할 수 있다. 그런데 생사가 없다는 말은 좀처럼 받아들이기 어렵다. 우리가 살아 있다는 것은 너무나 생생한 사실이고 나 역시 지금 살아서 이 책을 쓰고 있다. 죽었다면 책을 쓸 수도 없으며, '내가 살아 있는지 아닌지' 생각할 수도 없다. 유아有我와 무아無我의 차이가 이렇게 분명한데 생사의 구별이 없다는 말은 무슨 뜻일까?

그렇다. 지금 이 자리에서 책을 읽고 생각하는 어떤 사람이 존재하는 것은 분명하다. 그러나 이 사람은 진정한 자신이 되기 위해 다른 선택을 내릴 수도 있으며, 그 선택에 따라 최종 결과도 완전히 달라질 수 있다. 당신이 이 사람을 인정할 때 모든 사색과 희로애락은 그를 따라가며, 당신은 이 사람의 생을 자신의 생으로 간주하고 이 사람의 죽음을 자신의 죽음으로 여기게 될 것이다. 마치 연극을 볼 때 지나치게 몰입하면 끝난 후에도 빠져나오기 어려운 것처럼 말이다. 그러나 우리가 이 사실을 인정하지 않고 인생을 꿈이라고 여긴다면, 꿈속의 사람이 살든 죽든 자신에게는 아무 영향을 미치지 않을 것이다.

이 말을 궤변이라고 여길 수도 있다. 나의 인생을 한갓 꿈으로 생각하라니. 그렇다면 진정한 나는 누구이며, 누가 꿈을 꾸고 있다는 말인가? 내가 죽은 후 또 다른 신분으로 다시 살아날지를 어떻게 확인할 수 있을까? 누가 '진정한 나'인지 확실히 알 수 있다면 꿈속의 나의 생사 여부도 걱정할 필요가 없을 것이다. 문제는 누가 '진정한 나'인지를 내가 모른다는 데 있다.

'나'라는 존재는 처음부터 없으며 진아眞我는 곧 무아無我이다. 나는 살아 있던 적이 없었기에 죽지도 않는다. 나는 결코 존재하지 않는다. 이 점을 인정해야 더 이상 생과 사에 집착하지 않을 수 있다.

장자의 아내가 죽자 혜자가 조문을 갔다. 장자는 두 다리를 뻗고 앉아 항아리를 두드리며 노래를 부르고 있었다. 혜자가 말했다. "함께 살며 자식을 키운 부인이 죽었는데 곡은 고사하고 항아리를 두드리며 노래를 하다니 너무 심하지 않은가!" 장자가 대답했다. "그렇지 않네. 아내가 죽었는데 나라고 어찌 슬프지 않았겠는가? 그런데 살펴보니 아내는 원래부터 생명이 없었던 것이네. 생명뿐 아니라 형체조차 없었으며, 형체가 없었을 뿐 아니라 기운과 지각도 없었네. 혼돈 속에서 갑자기 기운이 생겨나고 이어서 형체가 생겼으며, 그것이 변화하여 생명이 된 것이네. 지금은 변화하여 죽은 것이니 이는 곧 사계절의 순환과 같지 않겠나. 이제 천지의 거대한 방에 누워 잠들었는데 내가 큰소리로 곡을 하면 우주의 이치에 어긋난다고 생각해 곡을 멈춘 거라네."

장자처사莊子妻死 혜자조지惠子吊之 장자즉방기거고분이가莊子則方箕踞鼓盆而歌 혜자왈惠子曰 "여인거장자與人居長子 노신사老身死 불곡역족의不哭亦足矣 우고분이가又鼓盆而歌 불역심호不亦甚乎!" 장자왈莊子曰 "불연不然 시기시사야是其始死也 아독하능무개연我獨何能無槪然! 찰기시이본무생察其始而本無生 비도무생야非徒無生也 이본무형而本無形 비도무형야非徒無形也 이본무기而本無氣 잡호망물지간雜乎芒芴之間 변이유기變而有氣 기변이유형氣變而有形 형변이유생形變而有生 금우변이지사今又變而之死 시상여위춘추동하사시행야是相與爲春秋冬夏四時行也 인차언연침어거실人且偃然寢於巨室 이아교교연수이곡지而我噭噭然隨而哭之 자이위불통통호명自以爲不通通乎命 고지야故止也

_《장자》〈지락至樂〉 편

우리 또한 원래부터 죽지도 살지도 않는 존재이며, 어떤 상태라고 형언할 수 없는 존재이다. 형체가 생기면서부터 본래 자신을 모습을 잊어버리는 것이다.

지혜로운 사람이 인생을 대하는 법

사람의 형체가 있지만 사람의 감정은 없다. 사람의 형체가 있기에 다른 사람과 함께 지내며, 감정이 없기에 옳고 그름이 모두 자신과 무관하다.

유인지형有人之形 무인지정無人之情 유인지형有人之形 고군어인故群於人 무인지정無人之情 고시비부득어신故是非不得於身

_《장자》〈덕충부德充符〉 편

가상을 이해하고 가상이 어떻게 움직이는지 알면 가상 속에 살면서도 영향을 받지 않는다.

_《영혼의 의자》, 게리 주커브Gary Zukav

지혜로운 사람은 자신의 인생을 무대 위의 역할로 바라본다. 겉으로는 남들처럼 일을 하지만 언제나 그곳에 있지는 않다. 그렇기에 역할에 과도하게 몰입해 다른 사람들의 장단에 춤을 추거나 일시적인 정서에 갇혀 스스로 빠져나오지 못하는 일이 없다. 그는 모든 것을 우주의 선물로 생각하고 몸과 마음을 우주의 섭리에 맡기며 우주와 혼연일체가 된다.

《장자》는 깨어서 꿈을 꾸는 상태를 맹손재孟孫才를 통해 설명한다. 맹손재는 어머니가 세상을 떠나자 장례를 치르고 상주로서 도리를 다한다. 그러나 어머니의 죽음을 대하는 그의 태도는 진심 어린 슬픔과는 거리가 멀었다. 맹손재는 사회의 체제와 규범에 따라 겉으로는 남들처럼 상을 치렀지만 사실 장례 의식은 그에게 아무런 의미가 없었다.

> 안회가 공자에게 물었다. "맹손재의 모친이 세상을 떠났습니다. 그런데 맹손재는 곡을 하면서 눈물을 흘리지 않아 속으로는 슬퍼하지 않는 듯했으며, 장례를 치르면서 애통해하지도 않았습니다. 이 세 가지를 하지 않는데도 노나라 백성들은 그가 훌륭하게 상을 치렀다고 인정했습니다. 그런 사실이 없는데 어찌 그런 소문이 났는지 저는 이해가 되지 않습니다."

안회문중니왈顔回問仲尼曰 맹손재기모사孟孫才其母死 곡읍무체哭泣無涕 중심불척中

心不戚 거상불애居喪不哀 무시삼자無是三者 이선처상개노국以善處喪蓋魯國 고유무기실이득기명자호固有無其實而得其名者乎 회일괴지回壹怪之

_《장자》 〈대종사〉 편

맹손재에게 어머니의 장례를 치르는 일은 아무 의미가 없었지만 그는 단지 자신의 역할을 다하기 위해 최선을 다해 장례를 치렀다. 그러므로 노나라 백성들은 그가 모범적으로 상을 치렀다고 인정한 것이다. 안회는 이런 점을 이해할 수 없었다.

공자가 말했다. "맹손재는 상주의 도리를 다했을 뿐 아니라 상주의 도리를 아는 사람들보다 잘해냈다. 장례는 본디 간단히 치러야 하는 바, 세상 사람들이 해내지 못한 것을 맹손재는 이미 해냈다. 맹손재는 무엇이 삶이고 무엇이 죽음인지 모른다. 그는 어머니의 생전 모습을 모르고 사후에 어떻게 되는지도 모른다. 그저 자연의 변화에 따라 무엇이든 변할 것이라는 점을 믿고 그 시기를 기다렸을 뿐이다. 뭔가 변화하려 할 때 변하지 않겠다고 고집하지 않으며, 변화가 멈추려 할 때 집착하지 않는다. 나와 그대는 아직 꿈에서 깨어나지 못한 자가 아니겠느냐! 비록 맹손재의 육신은 변하지만 그의 내면은 조금도 변하지 않는다. 그는 잠시 머물 육신을 소유했을 뿐이며 한 번도 진실로 죽어본 적이 없다. 맹손재는 아마도 이미 깨어 있는 듯하다. 다른 사람이 곡을 하면 자신도 곡을 하지만 눈물은 흘리지 않는 이유이다. 다른 사람과 지내면서

'나'의 존재를 의식하게 되었으니 그 존재가 진정한 나인지 아닌지를 어떻게 알겠는가? 그대는 꿈에 새가 되어 하늘에서 지저귀고 물고기가 되어 연못 깊이 들어가기도 한다. 지금은 나와 함께 맹손재라는 사람에 대해 얘기하는 꿈을 꾼다. 지금 그대와 이렇게 말하고 있는 사람이 깨어 있는 사람인지 꿈을 꾸고 있는 건지 알 수 없지 않은가?"

중니왈仲尼曰 부맹손씨진지의夫孟孫氏盡之矣 진어지의進於知矣 유간지이부득唯簡之而不得 부이유소간의夫已有所簡矣 맹손씨부지소이생孟孫氏不知所以生 부지소이사不知所以死 부지취선不知就先 부지취후不知就後 약화위물若化爲物 이대기소부지지화이호以待其所不知之化已乎 차방장화且方將化 오지불화재惡知不化哉 방장불화方將不化 오지기화재惡知已化哉 오특여여기몽미시각자야吾特與汝其夢未始覺者邪 차피유해형이무손심且彼有駭形而無損心 유단택이무정사有旦宅而無情死 맹손씨특각孟孫氏特覺 인곡역곡人哭亦哭 시자기소이내是自其所以乃 차야상여오지이의且也相與吾之耳矣 용거지오소위오지호庸詎知吾所謂吾之乎 차여몽위조이려호천且汝夢爲鳥而厲乎天 몽위어이몰어연夢爲魚而沒於淵 불식금지언자不識今之言者 기각자호其覺者乎 몽자호夢者乎

_《장자》〈대종사〉 편

맹손재는 이미 깨어난 사람으로 애초에 생과 사가 없었으며, 계속되는 변화만 있다는 사실을 인지했다. 그는 모든 변화를 저항 없이 받아들였다. 현실에서 장례를 치러야 한다면 그렇게 했고, 곡을 해야 하면 그렇게 했다. 결국 맹손재는 깨어 있으면서 꿈을 꾸는 사람인 것이다. 그의 몸은 꿈을 꾸고 있지만 그의 정신은 비할 데 없이 또렷했다.

이게 가능해지면 인생은 더없이 간단해진다. 이번 생에서 자신에게 주어진 배역에 충실하며 무대에 올라야 할 때 오르고, 퇴장해야 할 때 퇴장할 뿐이다. 이것이야말로 '무심무정'의 좋은 점이다.

《장자》는 공자의 입을 빌려 화두를 던진다. "지금 이렇게 말하는 사람이 깨어 있는 건지 꿈을 꾸고 있는 건지 알 수 없지 않은가?" 이 말은 자신이 깨어 있다고 여기지 말 것이며, 지금 말하고 있는 사람조차 진짜라고 여기지 말아야 한다는 의미를 담고 있다. 왜냐하면 깨어 있는 사람은 이것이 꿈이라는 점을 잘 알고 있기 때문이다. 설사 꿈에서 깨어 있더라도 여전히 꿈속에 있는 것이다. 이처럼 인생을 한바탕 꿈으로 보는 관점이야말로 우리가 자유로워질 수 있는 가장 좋은 방법이다.

자유의 의미를 다시 생각한다

厭　世　講　堂

자유와 욕망을 구분하기

우리는 왜 늘 세상이 내 뜻대로 되지 않는다고 푸념할까? 우리가 모든 일을 지나치게 중요시하기 때문이다. 장자는 인생이 꿈이라고 여겨 살면서 맞닥뜨리는 일들에 크게 흔들리지 않았다. 우리 또한 이런 생각으로 내면을 채울 수 있다면 진정한 자유를 얻을 수 있을 것이다.

흔히 사람들은 자기 마음대로 하는 것을 자유라고 생각한다. 로또에 당첨되거나 많은 돈을 벌어 원하는 물건을 마음대로 사는 자유를 꿈꾼다. 그런데 이것은 자유가 아니라 욕망이다. 누구나 자유를 추구하면서도 정작 얻지 못하는 이유가 여기에 있다. 애초에 방향이 틀렸기 때문이다.

자유를 '마음대로 하는 것'이라고 생각하는 태도는 대단히 위험하다. 자칫 욕망의 노예가 되어 영원히 벗어나지 못할 수도 있다. 타고난 부자가 아닌 이상 엄청난 돈을 벌어 명품을 마음껏 산다면 머지않아 돈의 노예가 될 것이다. 타고난 재능이 부족한데도 대중의 사랑을 받는 연예인이나 셀럽이 되어 많은 돈과 인기를 얻는 데만 집착하게 되면, 조금만 나이가 들거나 살이 쪄도 고통스러울 것이다.

이제 우리는 자유의 의미를 다시 생각할 필요가 있다. 자유는 내면에서 스스로 발현되어 나에게 아무 부담을 주지 않아야 하고 어떤 제약도 받지 않아야 한다. 실제로 사람들이 누리는 자유도 이런 것이다. "인간은 태어날 때 자유로웠으나 이제 어디에서나 노예가 되었다◆"라는 말은 진짜다. 다만 인간이 이런 원초적 자유를 원하는 것은 아니기 때문에 중요하게 여기지 않을 뿐이다. 모든 사람은 자유로운 상태로 태어나는데 살아가면서 이를 점점 잃어가는 것은 우리에게 자아가 있기 때문이다. 자아는 머릿속에서 크게 들려오는 '나는 이것이 좋아', '나는 이것이 싫어', '난 이렇게 할 거야', '난 저렇게 하지 않을 거야' 같은 마음의 소리이다. 우리는 자아에 갇혀 있기 때문에 늘 욕망을 충족시키고 싶다고 느낀다. 원하는 욕망이 충족되지 않을 때 자아는 우리를 고통스럽게 하고 자유롭지 않다고 느끼게 만든다.

'철저한' 자유를 얻고자 할 때 할 수 있는 유일한 행동은 바로 자아

◆ 장 자크 루소Jean-Jacques Rousseau의 명언. 루소가 말한 '태어나서부터 자유로운 존재'라는 의미는 내 생각과는 다르다.

를 뿌리째 뽑아버리는 것이다. 그러나 이건 손에 쥔 모든 것을 완전히 포기하지 않는 한 몹시 어려운 일이다. 보통 사람에게 있어 가진 것을 내려놓는 일은 꼭 쥐고 있는 것보다 훨씬 어렵다. 가진 것을 내려놓은 후에는 당장 가진 게 아무것도 없다는 공포에 직면해야 하며, 지금까지 이룬 성과를 완전히 잃어버리는 셈이 되기 때문이다. 물론 이렇게 주장하는 사람도 있을 것이다. "가진 걸 다 내려놓으라니, 농담하는 거야? 내가 가진 모든 것, 평생 추구하던 것을 포기하고 내 모든 생각을 포기하라고? 그렇게 하다가는 자포자기할 게 뻔한데 절대 그럴 수 없어! 이런 황당한 생각은 받아들일 수 없어. 가진 것을 내려놓느니 고통스러워도 지금처럼 사는 게 낫겠어!"

오해는 금물이다. 물론 현실에 안주해야 안심이 되고 그래야 즐거움을 느낀다면 계속 지금처럼 살아도 좋다. 욕망에 솔직하고 이를 추구하면서 행복하게 잘 살아가는 즐거움을 포기하기가 어떻게 쉬울까? 당신도 마찬가지라면, 현실이 너무나 고통스러워 차라리 모든 것을 놓아버리고 싶을 정도로 더는 참을 수 없을 때, 그때야 비로소 모든 것을 내려놓을 수 있을 것이다. 진정한 자유는 그 후에야 찾아올 것이다.

장자는 이렇게 자유로운 상태를 거울로 묘사했다.

> 지인은 마음을 쓰는 것이 거울과 같아서, 가는 것을 배웅하지 않고 오는 것을 맞아들이지 않는다. 현실을 있는 그대로 비추고 숨기지 않으

며, 따라서 모든 사물을 충분히 용납하면서도 조금의 손상도 입지 않을 수 있다.◆

지인지용심약경至人之用心若鏡 부장불영不將不迎 응이부장應而不藏 고능승물이불상故能勝物而不傷

_《장자》〈응제왕應帝王〉 편

거울은 무척 교묘한 비유 수단이다. 거울은 자아가 전혀 없는 사물로◆◆ 그저 매끄러운 평면에 사물을 고스란히 비출 뿐이다. 또한 언제나 사물을 있는 그대로 정직하게 비출 뿐, 결코 거부하거나 맞이하지 않는다. 멈추는 법도 없다. 우리가 거울처럼 살 수 있다면 어떤 사람이나 사물도 우리 앞에서 가장 진실한 자신을 드러낼 뿐 결코 왜곡하거나 변하지 않을 것이다.

사물 본연의 모습을 받아들이고 함부로 왜곡하거나 변화시키려 들지 않을 때 놀라운 현상이 나타난다. 어떤 사물도 우리에게 저항하지 않고 우리 곁에서 자연스럽게 존재한다는 것이다. 우리가 자아를

◆ 이 부분은 프랑스 한학자인 장 프랑수아즈 빌레터Jean-Franois Billeter의 번역이 가장 우수해서 그의 해설을 참조했다. 《장자》〈4강〉 89~90쪽 참조

◆◆ 이 말의 의미는 다음과 같다. 거울에는 자아의지가 전혀 없기 때문에 거울을 보는 사람의 외모가 추하다고 해서 그의 모습을 비추기를 거부하지 않는다. 마찬가지로 거울을 마주한 사람의 외모가 아름답다고 해서 환상이라는 필터를 씌우지도 않는다. 거울은 순수한 무아의 물체이므로 어떤 사물도 사심 없이 공평하게 비춘다.

내려놓고 더 이상 상황을 바꾸려는 시도를 하지 않을 때, 서로에게 끝없이 상처 주는 행동을 멈추고 외부와의 화합이 시작된다.

결국 진정한 자유란 만물을 자유롭게 해주는 것이다. 다시 말해 모든 사람과 사물이 당신을 좋아하든 싫어하든, 찬성하든 반대하든, 당신에게 다가오든 떠나든 원하는 대로 하게 해주는 것이다. 모든 사물이 제 뜻대로 움직일 때 우리 역시 원하는 대로 자연스럽게 행동할 수 있다. 모든 사물이 자유롭지 못하다면 우리 역시 자유로울 수 없다. 이것이 자유의 진리이다.

억지로 주도할 필요가 없다

우리가 자아를 완전히 내려놓으면 갑자기 삶의 무게중심을 잃은 느낌이 들 수 있다. 나 역시 그런 느낌을 받은 이후로 세상 본연의 모습을 그대로 받아들이게 되었다. 세상이 원하는 대로 흘러가도록 내버려두자 아무런 저항도 하지 않게 되었고 추구할 만한 대상도 없어졌다. 이런 나에게 살아간다는 것은 어떤 의미를 줄까?

철저한 자유를 느낀 이후로 나는 완전히 새로운 상태가 되었다. 도가에서는 이를 무위이무불위無爲而無不爲라 한다. 무위란 내 생각대로 하지 않는 것을 말하며, 무불위는 완전한 자유를 얻었음을 의미한다. 다시 말해 어떤 일도 할 수 있는 상태이다.

비록 주도적으로 나서서 할 일은 없다고 느끼지만, 이 또한 모든 가능성을 열어두는 셈이다. 살면서 마주하는 온갖 상황을 평온하게 받아들일 때, 더 이상 나 혼자만의 편협한 입장에서 반응하지 않아도 된다. 세상의 요구에 순응할 때 모든 사물이 가장 합리적이고 타당한 방향으로 흘러갈 수 있다. 비록 그 방향이 개인의 뜻과 맞지 않고 당신에게 유리하다고 할 수 없어도, 당신은 모든 것이 타당하다는 사실을 알고 있다.

아디야샨티는 이렇게 말했다. "개인의 의지가 사라지면서 사람들은 '나는 심지어 어떤 결정을 내려야 할지도 모르겠다'고 말한다. '개인의 관점'으로 일을 처리하기가 점점 어려워지는 것이다. 새롭게 등장한 방식은 어떤 결정을 내릴 것인가, 이것이 옳은 결정인가 잘못된 결정인가에 중점을 두지 않으며, 하나의 큰 흐름을 인도하는 쪽에 가깝다. 당신은 세상의 흐름을 느끼고 이에 따라 정확하게 행동할 필요성을 느낄 것이다. 마치 강물이 흐르다가 바위를 만나면 방향을 꺾어 한쪽으로 흐르듯이 말이다. 이는 일종의 각성으로, 태어날 때부터 알고 있는 것이다.◆"

보통 사람들은 어떤 일을 처리할 때 이처럼 '하나의 큰 흐름을 인도하는' 느낌을 받지 못한다. 보통 사람들은 자신의 관점으로만 상황의 흐름을 주도하며, 그렇지 않으면 어떻게 행동해야 할지 방향을 잃어버린다. 우리는 살아가면서 여러 우여곡절에 맞닥뜨린다. 이때 머

◆ 아디야샨티의 《각성한 후覺醒之後》 160쪽 참조

릿속은 '이렇게 해야 옳아', '이 선택이 비교적 괜찮아', '이 결과가 나에게 유리해' 같은 생각으로 가득하다. 이런 생각은 자신에게 유리한 것 같지만 오히려 시야를 제한해 더 높고 다채로운 관점으로 변화를 인지할 수 없게 만든다.

일을 처리할 때 개인의 관점을 버린다는 말은 더 이상 저항하거나 외부로부터 답을 추구하지 않고 하나의 큰 흐름을 인도하는 것을 의미한다. 《장자》는 우주가 마치 드넓은 바다와 같으며, 거기에 몸을 싣고 우주의 넘치는 에너지를 따라 흘러가는 것이 무아라고 주장했다. 우리가 자신을 우주에 고스란히 맡기는 것은 마치 내 몸을 바다에 던지는 것과 같다.

처음에는 발을 딛고 있던 땅의 감각을 잃고 허우적거리다가, 이어 바닷물 몇 모금에 숨이 막혀 금방 죽을 것 같은 순간이 온다. 그러나 시간이 흐르면서 해류의 방향에 조금씩 익숙해지면 해류를 인도하는 법을 터득하게 된다. 우리는 바다에 저항할 필요가 없다는 사실을 알게 된다. 왜냐하면 몸에 힘을 주는 순간 오히려 물속으로 가라앉기 때문이다. 바닷물의 흐름에 몸을 맡길 방법을 고민하며 그 흐름을 타고 자신이 원하는 곳으로 인도하면 된다. 이를 일종의 유동流動 상태라 하는데, 《장자》에서는 이를 기氣의 상태라고 일컫는다.

땅을 딛지 않고 걷는 기술

《장자》의 〈인간세〉에 다음과 같은 이야기가 있다. 안회가 위나라로 떠나게 되어 공자에게 작별인사를 하러 갔다. 공자는 그에게 위나라로 가는 이유를 물었고, 안회는 이렇게 대답했다.

안회가 말했다. "위나라 임금은 젊고 혈기가 왕성하며 행동이 독단적이라고 들었습니다. 그는 국사를 경솔하게 처리하면서도 자신의 잘못을 모르고, 경솔하게 전쟁을 일으켜 온 나라 산과 연못에 죽은 사람들이 널렸으며, 사람 목숨이 지푸라기와 같아서 백성들은 갈 곳이 없다고 합니다. 일찍이 선생님께서 '태평한 나라를 떠나 어지러운 나라로 가야 한다. 이는 의원의 집에 위중한 환자가 몰리는 것과 같은 이치다' 라고 하셨습니다. 저는 그 가르침에 따라 제 행동을 점검하려고 합니다. 제가 가면 그 나라는 재난에서 벗어날 수 있을 것입니다."

안회왈顔回曰 회문위군會聞衛君 기년장其年壯 기행독其行獨 경용기국輕用其國 이불견기과而不見其過 경용민사輕用民死 사자이국량호택死者以國量乎澤 약초若蕉 민기무여의民其無如矣 회상문지부자왈回嘗聞之夫子曰 치국거지治國去之 난국취지亂國就之 의문다질원이소문醫門多疾願以所聞 사기소행思其所行 즉서기기국유추호則庶幾其國有瘳乎

_《장자》〈인간세〉 편

안회는 마치 어려움을 해결하고자 하는 영웅으로 보인다. 그는 목숨을 걸고 위나라의 정치를 개혁하고 위나라 임금의 악행을 멈추려고 했다. 그러나 다른 사람을 변화시키려는 의도가 너무 강하면 상대의 반감을 일으키기 쉽다. 간신배와 도적은 온갖 방법으로 안회를 음해하려 할 것이며, 위나라 임금도 그를 멀리할 것이다. 당연히 안회는 위험에 처할 것이고, 위나라는 아무것도 변하지 않을 것이다. 따라서 공자는 안회에게 자신을 죽음으로 모는 일이 무슨 의미가 있느냐고 묻는다.

안회는 학교를 막 졸업하고 사회에 갓 진출한 초년생처럼 이상에 넘치지만 지식인의 오만함도 가지고 있다. 그는 학교에서 배운 대로 하면 혼탁한 정치를 개혁하고 백성에게 복지를 베풀 수 있다고 생각한다. 그러나 그는 엘리트들이 나라를 망치기 가장 쉬운 존재라는 사실을 미처 모르고 있었다. 그들은 권력 다툼에는 강하지만 흑과 백 사이를 지혜롭게 오가는 방법을 모르며, 때를 기다리며 자신을 보호하고 이익과 이치를 활용해 상대를 설득하는 처세의 기술을 모른다. 결국 사람들의 반감을 사서 자신의 신념마저 흔들리면 무대에서 어느새 사라져버린다.

안휘는 어떻게 해야 자신을 지키면서 위나라 임금을 감화시킬 수 있는지 묻고, 공자는 심재心齋를 시도할 것을 추천한다. 심재란 마음의 배를 굶게 하여 공복에 이르는 것을 뜻한다.

> 공자가 말했다. "마음을 집중하되 귀로 듣지 말고 마음으로 들어야 한다. 또 마음으로 듣지 말고 기운으로 들어야 한다.◆ 청각은 귀에 한정되고 마음은 인지 방식에 한정된다. 흘러 움직이는 기만이 완전히 허무하고 탄력 있는 공간이다. 도는 이렇게 허무하고 탄력적인 공간에서만 집중되며, 이러한 상태가 바로 내가 말하는 심재이다.
>
> 중니왈仲尼曰 약일지若一志 무청지이이이청지이심無聽之以耳而聽之以心 무청지이심이청지이기無聽之以心而聽之以氣 청지어이聽止於耳 심지어부心止於符 기야자氣也者

◆ 《장자》는 심재를 설명할 때 청각을 매우 강조했는데, 이는 서양철학과 크게 다르다. 서양철학은 플라톤Platōn, 데카르트René Descartes, 에드문트 후설Edmund Husserl, 모리스 메를로 퐁티Maurice Merleau-Ponty부터 에마뉘엘 레비나스Emmanuel Levinas에 이르기까지 보는 것을 우선으로 두었다. 시각은 능동적이고 청각은 피동적이기 때문이다. 서양철학이 주체적이고 적극적인 면을 강조한 데 비해 《장자》는 주체를 약화시켰으며 심지어 사라지게 했다. 이것이 동양철학과 서양철학의 가장 큰 차이점이다.

허이대물자야虛而待物者也 유도집허唯道集虛 허자虛者 심재야心齋也

_《장자》〈인간세〉 편

공자는 외부 사물에 대응하는 세 가지 방법을 제시한다. 첫째는 자신의 감각대로 반응하는 것으로, 가장 간단하지만 겉으로 드러나는 표면만 보게 되어 원인을 통찰할 수 없다. 둘째는 자신의 마음으로 생각하는 것이다. 이는 사물을 해체해 자신의 사고대로 재구성하는 것이다. 세 번째는 흐르는 기를 받아들이는 것으로, 본인의 편협한 고정관념을 꺾음으로써 사물을 본연의 모습 그대로 보게 한다. 즉 '심재'에 도달하면 무한한 포용력으로 외부 세계를 받아들이게 된다. 이 상태에 도달하지 못하면 우리는 세상에 대항하며 언제까지나 서로를 해치기만 할 것이다. 지혜로웠던 안회는 공자의 말을 듣자마자 크게 깨달았다.

안회가 말했다. "제가 기로 변하기 전에는 안회라는 사람이 존재했는데, 기로 변한 후에는 안회라는 사람이 존재하지 않게 되었습니다. 이 정도면 마음을 비웠다고 할 수 있겠습니까?"

안회왈顏回曰 회지미시득사回之未始得使 실자회야實自回也 득사지야得使之也 미시유회야未始有回也 가위허호可謂虛乎

공자가 말했다. "그것이 바로 비움의 극치이다. 혼란스러운 조정에 나아가서도 명리 따위에 마음이 움직이지 않아야 한다. 군주가 받아들이면 말하고, 부르지 않으면 침묵을 지켜라. 의원을 차릴 필요도, 약도 필요없이 자네가 통제할 수 없는 상황이라면 그대로 받아들이고 그 상황을 거처 삼아 지내면 그것으로 충분하다. 길을 걸을 때 발자취를 남기지 않기는 쉽지만 땅을 딛지 않고 걷기는 어렵다. 자신의 생각대로 형세를 주도하면 자칫 일을 망친다. 그러나 우주에 맡겨 저절로 흘러가게 하면 이 문제를 피할 수 있다. 날개가 있어 난다는 말은 있어도 날개 없이 난다는 말은 들어보지 못했다. 마음의 지혜로 앎을 추구한다는 말은 들어봤어도, 지혜롭지 않은데 앎을 추구할 수 있다는 말은 들어보지 못했다. 텅 빈 방을 보면서 그 안에 밝음을 수용할 수 있으면 상서로운 것도 자연히 그 안에 깃들 것이다."

부자왈夫子曰 진의盡矣 오어약吾語若 약능입유기번이무감기명若能入遊其樊而無感其名 입즉명入則鳴 불입즉지不入則止 무문무독無門無毒 일택이우어부득이一宅而寓於不得已 즉기의則幾矣 절적역絕跡易 무행지난無行地難 위인사역이위爲人使易以僞 위천사난이위爲天使難以僞 문이유익비자의聞以有翼飛者矣 미문이무익비자야未聞以無翼飛者也 문이유지지자의聞以有知知者矣 미문이무지지자야未聞以無知知者也 첨피결자瞻彼闋者 허실생백虛室生白 길상지지吉祥止止

_《장자》〈인간세〉 편

이 글에서 공자는 '유동 상태'의 묘미를 설명한다. '길을 갈 때 발자취를 남기지 않는' 것은 대단히 어려운 기술이지만 여전히 우리는 자신의 두 발로 걸어야 한다. '땅을 딛지 않고 걷기'가 의미하는 것은 주변 상황을 이끌어 외부 사물이 나를 목적지까지 데려가게 하거나, 목표물이 스스로 나의 곁으로 오게 하는 것이다.《장자》는 우리가 자신의 의지로 상황을 주도하는 것을 멈추고, 순응하는 순간 모든 사물이 기꺼이 우리에게 접근해 우리의 가장 큰 아군이 되어준다는 사실을 말하고자 했다.

위나라 임금은 결코 타고난 폭군이 아니며 그의 주변에 있는 신하들도 처음부터 간신은 아니었다. 이는 고정관념일 뿐이다. 위나라 형세가 어지러운 것은 각 세력이 제자리를 찾아 안정되지 못했기 때문이다. 안회의 이야기가 강조하는 것은 아무도 환자 취급 받기를 원하지 않으며, 따라서 함부로 누군가의 의사가 되기를 자처해서는 안 된다는 것이다. (이런 행동은 지식인의 오만에 불과하다.) 우리가 유일하게 할 수 있는 일은 어떤 인물이 우리 곁에 있을 때 가장 진정한 자기 자신이 될 수 있다고 느끼게 해주는 것이다. 어떠한 저항이나 포장도 필요없다. 그렇게 되면 만물은 각자의 위치에서 자기 자리를 지킬 것이다.

모든 것이 예술이 된다

厭 世 講 堂

탁월한 예술가는 마지막에 무엇을 할까?

《장자》는 장인匠人을 예로 들어 유동이 극치에 이른 상태를 설명한다. 《장자》에 등장하는 장인들이 위대한 작품을 완성할 수 있었던 비결은 결코 자기 힘으로 억지로 노력해서가 아니다. 그들은 창조의 마지막 단계에서 자아를 내려놓고 세상의 흐름에 맡겼다. 우주야말로 가장 위대한 장인이기 때문이다.

사람들은 대개 뭔가를 창조할 때 자신의 방식에 몰두하기 급급하다. 그러나 위대한 장인은 그들과 정반대로 한다. 그들은 감각과 이성이 더 작동하지 못하게 하는 데 몰두하고 온몸과 마음을 다해 세상의 흐름에 협조하며, 그 결과가 저절로 드러나게 한다. 이는 우주와 고도로 융합하는 상태라 할 수 있다.

《장자》는 우주가 지혜와 신성神性을 갖고 있다고 굳게 믿었다. 《장자》에 따르면 한 사람이 얻을 수 있는 최고의 지혜는 바로 우주와 하나가 되는 것이다.《장자》는 재경삭목梓慶削木을 예로 들어 이를 설명한다.

재경이라는 목수가 나무를 깎아 거를 만들었는데, 보는 사람마다 솜씨가 귀신 같다며 칭찬을 아끼지 않았다. 노나라 임금이 그를 불러 "그대는 무슨 기술을 사용했는가?" 하고 묻자 재경이 대답했다. "기술자에 불과한 소인에게 무슨 특별한 기술이 있겠습니까? 다만 비결이 하나 있습니다. 거를 만들기 위해 나무를 준비할 때 불필요한 기운을 소모하지 않고 재계하여 마음을 가라앉힙니다. 사흘을 재계하면 부자가 되겠다는 욕심을 품지 않게 되고, 닷새를 재계하면 명예나 솜씨와 서투름에 대해 생각하지 않게 됩니다. 이레를 재계하면 저의 사지육신을 잊게 됩니다. 그럴 때는 조정에서 신에게 뭘 요구하는지도 잊어버리고 저의 일에만 전념하니 외부의 간섭이 사라집니다. 그런 후에 산에 들어가 나무의 재질을 살피고 적당한 목재를 찾으면 이미 완성된 모습이 눈앞에 떠오릅니다. 그러면 비로소 작업을 시작합니다. 이렇게 하지 않으면 아예 작업을 포기합니다. 저의 유일한 비결은 우주의 속도로 보조를 맞추는 것입니다. 그렇게 만들어낸 기구가 귀신의 솜씨라는 말을 듣게 되니, 아마도 원인은 여기에 있지 않겠습니까?"

재경삭목위거梓慶削木爲鐻 거성鐻成 견자경유귀신見者驚猶鬼神 노후견이문언왈魯

侯見而問焉曰 자하술이위언子何術以爲焉 대왈對曰 신공인臣工人 하술지유何術之有 수연雖然 유일언有一焉 신장위거臣將爲鐻 미상감이모기야未嘗敢以耗氣也 필제이정심必齊以靜心 제삼일齊三日 이불감부경상작록而不敢懷慶賞爵祿 제오일齊五日 불감회비예교졸不敢懷非譽巧拙 제칠일齊七日 첩연망오유사지형체야輒然忘吾有四枝形體也 당시시야當是時也 무공조無公朝 기교전이외골소其巧專而外骨消 연후입산림然後入山林 관천성觀天性 형구지의形軀至矣 연후성견거然後成見鐻 연후가수언然後加手焉 불연즉이不然則已 즉이천합천則以天合天 기지소이의신자器之所以疑神者 기시여其是與

_《장자》〈달생達生〉 편

재경이 자신에게 무슨 특별한 기술이 있겠냐고 한 말은 결코 겸손이 아니다. 그가 그토록 노력하고 연습하는 목적은 자신의 기술을 최고 수준으로 발전시키기 위해서도, 위대한 예술품을 만들기 위해서도 아니다. 그는 기술을 수련하는 과정에서 자아의 한계를 벗어나는 연습을 통해 우주의 흐름과 같은 '동기화 상태'에 도달하고자 한 것이다.

뭔가를 창조해내는 과정은 아이를 출산하는 과정과 같다. 분만 때 온 힘을 집중하지만 어떤 아이가 태어날지 누구도 온전히 확신할 수 없다. 아이는 자신만의 생명을 갖고 있기 때문에 우리는 아무것도 통제할 수 없으며, 오직 태어나는 것을 허용할 뿐이다. 우리가 할 수 있는 유일한 일은 자기 자신을 하나의 통로로 활짝 열어 아이를 세상에 초대하는 것이다.

뭔가를 창작하는 이 역시 사실은 내가 창작하는 것이 아니라 작품이 나를 선택한다는 느낌을 받는다. 내 손을 통해 작품을 이 세상에 데려오는 것이다.

창작자는 자신을 완전히 비워서 우주에 남김없이 몸을 맡기는 상태가 되기를 추구한다. 모든 것이 자연스럽게 흐르며 어떤 억지스러운 의지도 개입되지 않은 상황에서 우주가 우리의 몸을 통해 행동하며, 우리 몸을 매개체 삼아 우리와 우주가 같은 수준의 동기화에 도달한다. 이는 모든 생명체에게 가장 겸손한 순간일 수 있다. 우리가 마침내 자아를 철저히 내려놓고 다시는 스스로의 총명함을 자처하며 우주와 주도권을 다투지 않게 되니 말이다. 결국 우주야말로 가장 위대한 창조자인 셈이다.

기술을 익힌다는 건,
자연을 따른다는 것

이번에는 많은 이에게 잘 알려져 있는 포정庖丁의 소 잡는 이야기를 예로 들어보자.

> 포정이 문혜군을 위해 소를 잡았다. 그가 소에 손을 대어 어깨를 기울이고 발로 밟고 무릎을 구부리자 획획 소리가 났다. 그가 칼을 움직일 때는 음율감에 넘쳤으며, 획 가르는 소리는 박자에 맞아서 마치 고대의 아름다운 무곡인 '상림'과 조화를 이룰 뿐 아니라 '경수'의 음절에도 들어맞았다. 이를 본 문혜군이 감탄했다. "참으로 훌륭하구나! 기술이 어찌 이토록 신의 경지에 이르렀는가?"

포정위문혜군해우庖丁爲文惠君解牛 수지소촉手之所觸 견지소의肩之所倚 족지소리足

之所履 슬지소기膝之所踦 획연향연砉然嚮然 주도획연奏刀騞然 막불중음莫不中音 합어合於 상림桑林 지무之舞 내중乃中 경수經首 지회之會 문혜군왈文惠君曰 희嘻 선재善哉 기개지차호技蓋至此乎

_《장자》〈양생주養生主〉 편

포정은 신분이 낮은 요리사였으며, 소를 잡는 일은 피비린내가 진동하는 고된 작업이다. 그러나 그가 소를 잡는 과정을 보면 춤을 추고 노래하는 경지와 다름없어서 사람들은 더 이상 그를 미천한 신분으로 대하지 못했다. 그의 지위는 그야말로 상림과 경수를 창조한 고대 성왕◆과 어깨를 나란히 할 정도였다. 포정과 성왕의 공통점은 자신을 우주와 동기화 상태로 유지한다는 것이다. 그들은 우주의 선택을 받은 존재여서 포정의 신분이 비천하다 해도 뭔가를 창조하는 과정에서는 성왕만큼이나 고귀한 존재이다. 포정에게 크게 감동한 문혜군은 제후의 신분을 스스로 내려놓고 그에게 존경을 표한다.

포정이 칼을 놓고 문혜군의 말에 대답했다. "제가 추구하는 것은 우주와 통하는 방법으로, 통상적으로 말하는 기술의 차원을 넘어섰습니다. 제가 처음 소 잡는 기술을 배울 때는 소 한 마리가 눈에 들어왔습니다. 3년이 지나니 소의 일부가 눈에 들어왔고, 지금은 깊은 감각으로 대응

◆〈상림〉은 상탕商湯 시대의 악곡 이름이며, 〈경수〉는 요임금 시대의 악곡 이름이다. 상탕과 요는 모두 전설로 전해지는 고대 성왕이다.

하니 눈으로 볼 필요가 없습니다. 감각과 지각이 개입하지 않으니 비로소 소를 심층적으로 이해할 수 있었습니다. 우주의 이치에 따라 뼈의 접합부에 칼을 대니 뼈가 없는 곳은 분해되었습니다. 저는 소의 고유한 구조를 따를 뿐입니다. 경락이 연결되고 근육과 뼈가 복잡하게 얽힌 곳은 손을 대지 못하는데 어찌 큰 뼈에 손을 대겠습니까.

포정석도대왈庖丁釋刀對曰 신지소호자臣之所好者 도야道也 진호기의進乎技矣 시신지해우지시始臣之解牛之時 소견무비우자所見無非牛者 삼년지후三年之後 미상견전우야未嘗見全牛也 방금지시方今之時 신이신우臣以神遇 이불이목시而不以目視 관지지이신욕행官知止而神欲行 의호천리依乎天理 비대극批大郤 도대관導大窾 인기고연因其固然 기경긍계지미상技經肯綮之未嘗 이황대고호而況大軱乎

_《장자》〈양생주〉편

포정은 자신이 기술을 익히기보다 수련 과정에서 우주의 원리에 순응하는 방법을 찾았다고 말한다. 그는 자신의 수련 과정을 세 단계로 소개한다.

첫 번째 단계는 처음 소 잡는 법을 배우던 시기로, 그의 눈에는 오직 한 마리의 소만 보인다. 포정과 소는 완전히 독립된 서로 다른 객체이며 그는 소의 외부에 있다. 따라서 방대하고 복잡하게 얽힌 소의 골격 구조만 보이는 상황에서 자신이 어디부터 손을 대야 할지 알지 못한다.

두 번째 단계는 소의 온전한 모습이 한눈에 들어오지 않는 시기다. 소의 전체 모습이 보이지 않는 것은 포정이 이미 소의 구조 안으로 들어갔기 때문이다.◆ 그는 소의 구조를 온전히 파악할 수만 있다면 소에 대항하거나 소의 성질을 바꾸겠다는 생각을 하지 않고 고유한 특성에 따라 행동하면 된다는 사실을 발견한다. 그렇더라도 어떤 부위의 골육 구조는 대단히 복잡해서 해체하기가 까다롭다. 포정은 여전히 눈으로 관찰하면서 소를 해체할 방법을 생각한다.

세 번째 단계는 포정이 이미 완전한 무아의 경지에 이른 시기이다. 포정과 소는 독립된 서로 다른 개체가 아니며, 그는 소와 완전히 일치해 소의 일부가 된다. 둘은 서로를 이끄는 관계가 된 것이다. 따라서 포정은 자신의 지각에 집중할 수 있었고 저절로 주변 환경에 동기화될 수 있었다.

여기서 아주 중요한 키워드인 천리天理가 등장한다. 나는 이를 '우주 자체의 조리條理'라고 번역했는데, 《장자》의 의도는 다음과 같다. 겉으로 보기에 포정은 소의 구조에 익숙한 것 같지만 소는 그 자체로 우주의 일부이다. 즉 포정은 소의 구조에 익숙해짐으로써 우주의 구조에도 익숙해지는 것이다. 다시 말해 포정이 소 잡는 법을 배우는 진정한 목적은 소와 일치하기 위함이 아니라 우주와 동기화되는 것이다.

◆ 소식이 말한 "여산의 진면목을 알지 못하는 까닭은 오로지 내가 이 산에 있기 때문이다"에 해당한다.

우리가 하는 일은 곧 우주가 하는 일이다

"기술이 훌륭한 요리사는 칼로 고기를 자르기 때문에 1년에 한 번 칼을 바꿉니다. 그런데 일반적인 요리사는 칼로 힘을 줘서 고기를 가르기 때문에 한 달에 한 번 칼을 바꿔야 합니다. 저는 19년간 제 칼을 사용해 수천 마리의 소를 잡았습니다. 그러나 칼날은 마치 지금 막 숫돌에 간 것처럼 여전히 날카롭습니다. 소의 뼈마디에는 틈이 있어서 가느다란 칼끝을 그 틈으로 넣으면 칼날을 충분히 움직일 수 있습니다. 그러니 19년을 사용하고도 칼날이 새것과 다름없는 것이지요. 말은 이렇게 하지만 뼈와 살이 복잡하게 얽힌 부분은 칼을 다루기가 어려워서 더욱 조심스럽게 작업합니다. 눈으로만 보지 않고, 성급하게 작업을 끝낼 생각을 하지 않고 아주 천천히 칼을 움직이면 쓱 소리와 함께 고기가 갈라지면서 마치 진흙처럼 떨어지지요. 그럴 때 나는 진심으로 만족하며 칼날을 깨끗이 닦아서 보관합니다."

문혜군이 말했다. "정말 훌륭하도다! 나는 포정의 말을 듣고 양생의 비결을 깨달았다."

양포세경도良庖歲更刀 할야割也 족포월경도族庖月更刀 절야折也 금신지도십구년의今臣之刀十九年矣 소해수천우의所解數千牛矣 이도인약신발어형而刀刃若新發於硎 피절자유간彼節者有間 이도인자무후而刀刃者無厚 이무후입유간以無厚入有間 회회호기어유인필유여지의恢恢乎其於遊刃必有餘地矣 시이십구년이도인약신발어형是以十九年而刀刃若新發於硎 수연雖然 매지어족每至於族 오견기난위吾見其難爲 출연위계怵然爲戒 시위지視爲止 행위지行爲遲 동도심미動刀甚微 획연이해謋然已解 여토위지如土委地 제도이립提刀而立 위지사고爲之四顧 위지주저만지爲之躊躇滿志 선도이장지善刀而藏之

문혜군왈文惠君曰 선재善哉 오문포정지언吾闻庖丁之言 득양생언得养生焉

_《장자》〈양생주〉 편

서투른 요리사는 소의 몸체에 무턱대고 칼을 대기 때문에 칼날이 빨리 닳기 쉽다. 바로 우리 같은 보통 사람들이 그렇다. 우리는 마음대로 되지 않거나 해결하기 어려운 일에 맞닥뜨렸을 때 현실을 거부하고 대상을 바꿀 생각만 한다. 마치 자동차가 막다른 골목에서 더 이상 들어갈 수 없다는 사실을 알면서도 억지로 밀어붙이는 것과 비슷하다.

보통 사람들은 높은 벽에 부딪혀 추락할 때 더 강한 힘으로 상대를 넘어서려고 한다. 하지만 계속해서 부딪치다가 피투성이가 되고 나서야 자신이 너무 연약해서 실패한 것이라며 스스로를 탓한다. 이런 사람들은 세상에 다른 길이 있다는 생각을 하지 못한다. 다른 길을 찾으려면 멀리 돌아가야 할 수도, 원하지 않는 곳으로 가야 하기 때문이다. 무엇보다 낯선 세계는 두렵다. 그래서 지금까지 걸어온 길을 고집하며 같은 자리만 맴돈다.

포정의 칼날은 19년이 지나도록 무딘 부분 없이 마치 새것 같았다. 비결이 뭘까? 누구나 무아의 경지에 오를 때 새로운 단계로 도약할 수 있다.《장자》에서 칼날을 이러한 단계에 비유한 까닭이 여기에 있다. 칼날은 하나의 점에 불과하며 부피도, 면적도 없다. 칼날처럼 자신을 하나의 점이 될 때까지 축소하고 또 축소하면 힘이 완전히 빠진 상태가 된다. 그러면 더는 저항하거나 한 방향만 고집할 수 없고, 우주의 흐름에 따라 움직이게 된다.

포정은 복잡하게 얽힌 소의 뼈와 살을 마주할 때마다 더욱 조심하여 자기 고집을 최대한 내려놓고, 힘으로 해결하거나 성급하게 일을 끝내고자 하는 조급함을 떨쳐버렸다. 그는 자연스러운 흐름을 따라 마침내 스스로 해결책을 찾아낸 것이다.

억지로 상황을 주도하지 않고 자신의 의식마저 우주의 흐름에 자연스레 맡기는 것은 양생의 비결이기도 하다. 많은 사람들은 이것이 남을 따라 하는 무책임한 자세라고 생각할 수도 있다. 하지만 무아의 경지에 이른 사람은 자신의 생사를 스스로 책임진다는 차원을 넘어선다. 자기 자신이 없으니 세상이 주도하는 모든 일을 기꺼이 감당하는 것이다. 이런 자세는 무책임한 것이 아니라 오히려 자기 자신과 본인의 인생에 엄청난 책임감이 있어야 이를 수 있는 경지이다.

우주의 흐름에 완전히 녹아들 때 우리는 자신이 우주의 일부임을 깨닫고, 우주의 창조 과정에 함께 참여하고 있음을 알게 된다. 살면서 겪는 모든 일도 마찬가지이다. 우주가 하는 일과 우리가 기대하는 바는 넓은 의미에서 결국 같다. 따라서 결과가 어떻든 우리는 우주가 이끄는 모든 것을 기꺼이 받아들여야 하며, 그에 대해 책임도 져야 한다. 이렇게 할 수 있을 때 곧《장자》가 말하는 지인至人의 경지에 이를 것이다.

9장

권력과 인정이 필요없는 사람들

厭 世 講 堂

신뢰의 힘으로 어른이 되어간다

> 고대의 진인은 살아 있음을 좋아하고 죽음을 혐오하는 이유를 몰랐다. 그는 태어날 때부터 즐겁지 않았고 죽음에 들 때도 저항하지 않았다. 그는 이렇게 조용히 사라졌다. 태어날 때 조용히 온 것처럼 말이다.
>
> 고지진인古之真人 부지설생不知說生 부지오사不知惡死 기출불흔其出不欣 기입불거其入不距 소연이왕翛然而往 소연이래이이의翛然而來而已矣
>
> _《장자》〈대종사〉편

인간의 생물학적 나이와 심리적 나이는 다르다. 어떤 사람은 생물학적 나이는 계속 자라지만 말과 행동 그리고 심리 상태는 일찍부터 멈추어 더 이상 성장하지 않는다. 심리적 나이라는 관점에서 보면 사실

많은 사람이 성인이 되고 나서도 여전히 정서적으로는 열 살, 열두 살, 열세 살 상태에 머물러 있다. 다만 성장하면서 많은 일을 겪고 다양한 경험을 하다 보니 사회인으로서 자신을 표현하는 데 익숙해진 것뿐이다. 그러나 내면 깊은 곳에는 여전히 상처가 가득하고 타인에게 버려질 것을 두려워하는 철부지 어린아이가 자리하고 있다.

우리 마음속에 이 어린아이가 존재하는 한 누구도 진정으로 성숙할 수 없다. 이 말은 우리가 마음속 어린아이를 죽이거나 버려야 한다는 의미가 아니다. 내면의 어린아이를 보살피는 법을 알고 그와 함께 자라야 한다. 자신의 문제와 이 아이의 두려움을 별개로 보고 다른 방식으로 대하는 법을 알아야 마음속 어린아이 때문에 현실의 제약을 받는 일을 피할 수 있다.

이 장에서는 편의상 내면의 성장이 아이일 때 멈춘 사람을 '아이 인간'이라 하고, 내면이 성숙한 사람을 '어른 인간'이라고 부르고자 한다. 아이 인간을 어른 인간으로 성장하게 이끄는 것은 우리가 해야 할 가장 절실하고 중요한 임무이다. 우리의 인생 자체가 끝없는 성장의 여정이기 때문이다.

우리는 십대 시절을 전후해 이 세상에 대해 자기만의 체계적인 견해를 만들고, 이를 토대로 자신의 행동방식을 확립한다. 우리는 이 세상이 어떤 모습이며, 사람과 사람 사이에는 어떤 다양한 관계가 있는지 파악하면서 자란다. 그런데 우리가 어떤 상황에 처했을 때 어떻게 해야 이익을 추구하고 손해를 피할 수 있을까? 아이 인간의 여러 세계관 중에서도 가장 주도적으로 행동하게 만드는 요소는 공포이다. 아마 본인도 의식하지 못하겠지만 아이 인간이 생각하고 행동하는 주된 목적은 상처받지 않고 생존하는 것이다. 또한 이를 전제로 최대한의 이익을 얻으며 안전하고 자유롭게 지내는 것이다.

아이 인간은 고독을 견디지 못한다. 고독함은 의지할 곳이 없다는 느낌을 주기 때문에 고독을 느낄 때마다 자기 스스로 위기에 대처할 능력이 없다고 생각하게 만든다. 그래서 주변에 믿을만한 사람들이 많이 있어야 안심한다. 마치 어린아이가 엄마 품을 떠나지 못하는 것처럼 아이 인간은 성인이 되어서도 친구, 연인 또는 배우자, 종교 등을 떠나지 못한다. 아이 인간은 이런 관계 속에서 의지하고 기댈 곳을 찾으며, 때로는 이들을 공포를 피하는 방패로 삼는다.

우리가 아이 인간의 단계에서 벗어나지 못한다면 누구를 만나도 그 사람 곁을 맴돌 뿐이다. 아이 인간의 주된 삶의 목적이 상처를 받지 않는 것인데, 상처받지 않겠다고 타인에게 매달리는 행동이야말로 주변 사람들을 질식하게 만들기 때문이다.

세상에는 사랑으로 포장된 위험한 감정이 너무 많다. 아이 인간은 늘 '너를 사랑해서', '너를 위해서'라는 말을 내세운다. 그런데 이런 말은 어디까지나 본인의 필요, 즉 상대방을 통제하려는 데서 나온다. 이런 식의 관계 맺기에 익숙해지면 주변 사람들이 자신의 통제를 벗어나는 순간 소위 '유리멘탈'이 되어 그 사람에게 극심한 배신감을 느끼게 된다.

아이 인간이 성숙한 어른으로 성장하려면 반드시 신뢰를 배워야 한다. 세상에 대한 신뢰감을 키우면 마음속 아이의 손을 놓고 스스로 판단하더라도 큰일 나지 않을 것이라는 확신이 생긴다. 자신에 대한 신뢰감을 키우면 설령 이 세상에서 가장 힘든 도전에 직면하더라도 난관을 극복할 수 있으며, 남을 도와줄 여유까지 갖게 된다.

신뢰감은 어른 인간이 갖춘 다양한 세계관 중에서도 가장 주도적인 요소이다. 일단 어른 인간으로 성장하면 우리의 마음이 활짝 열린다. 자신이 자유롭듯 모든 사람이 자유롭게 살 권리가 있음을 깨닫고, 모든 사람에게 나를 사랑하거나 미워하고, 가까이하거나 멀리할 자유가 있음을 인정하게 된다. 그러니 살면서 맞닥뜨리는 모든 일을 자연스럽게 받아들일 수 있다. 설사 그것이 너무나 고통스럽고 견디기 어려우며 가장 절망적인 상황일지라도 말이다. 상처 속에서도 아름다운 꽃을 피울 수 있으며, 모든 시련은 우리를 지금까지 오게 한 밑거름이 될 수 있다.

무엇보다 이 세상이 가장 원초적인 모습이라는 사실을 인정하게 된다. 예상할 수 없는 천재지변, 기아, 전쟁, 암과 에이즈 같은 질병, 살인사건 같은 끔찍한 일들도 그저 재수없는 일이 아니라 인류와 세상의 성장을 도모하는 데 어떤 역할이든 한다는 점을 인정하게 된다.

물론 이 말은 끔찍한 범죄자들을 옹호하거나 참혹한 재난 피해를 입은 이들이 무조건 참고 인내해야 한다는 뜻이 절대 아니다. 우리는 이런 사건 앞에서 때로는 성찰하고 때로는 저항하며, 무수히 다른 타인과 공존하는 법을 배우고 그들의 존재에 귀 기울이게 된다. 이런 과정을 통해 우리가 살면서 무엇을 배울지 생각해보아야 한다.

> 아이 인간은 소심하고 두려워하며 주변 사람들을 초조하게 만든다. 어른 인간은 개방적이고 자유로우면서도 자신만을 내세우지 않고 주변 사람들과 조화를 이룬다. 내면이 자연스러운 어른 인간에게는 돈이나 권력, 명예가 그리 큰 의미가 없다. 따라서 환경미화원도 대통령 못지않게 고귀한 존재이며, 부유하고 아름다운 연예인도 비연예인과 다를 바 없는 평범한 대상으로 바라볼 수 있다. 오늘의 일등이 내일은 꼴찌가 될 수 있으며, 꼴찌가 일등이 될 수도 있다.
> 많은 어른이 자신이 아직 아이라는 사실조차 모르는 아이 인간에 머물러 있다. 그들은 자신도 모르게 어리석은 행동을 되풀이하면서도 스스로 그 수준에 머무르는 데서 만족한다. 우리는 자녀가 자라서 권력을 가진 정치인, 돈을 많이 버는 의사, 막강한 영향력을 행사하는 법조인이 되기를 희망하고, 이것이 성공이라고 믿는다. 하지만 우리는 아이들이 자라서 성숙한 인간이 되기를 갈망해야 한다. 성공에 대한 우리의 개념 또한 재정의해야 한다.
>
> **_《영성의 충돌》, 제드 맥커너**Jed Mckennea

세상의 많은 일은 인간의 내면을 보여준다

아이 인간의 단계에서 벗어나 어른 인간으로 성장한다는 것은 우리가 이상주의자라는 타이틀을 버리는 것을 의미한다. 또한 우리가 타인에게 정해진 시나리오대로 행동할 것을 강요하는 상태에서 벗어나는 것을 의미한다. 어른 인간은 주변 사람들에게 자신이 기대하는 완벽한 배우자, 가족, 친구의 모습을 갖추라고 강요하지 않고 모든 것을 있는 그대로 받아들인다. 상황이 예상과 다르게 진행되고 어떻게 변화하는지 예측할 수 없어도 그는 편안하게 하루하루를 보내며 자신의 삶에 완전한 책임을 진다. 그는 자신이 우주의 일부임을 알고 있다.

사실 어지간한 사람은 자신이 우주의 일부이며 우주와 함께 세상을 창조했다는 관점을 받아들이기 어렵다. 사실 이런 말은 몹시 황당하게 들린다. 세상에는 내 마음대로 되지 않는 일이 넘쳐나고 우리는 날마다 말도 안 되는 일을 겪는다. 그런데 이런 세상을 자신이 창조했다니? 이 말을 어떻게 받아들이란 말인가? 그리고 이렇게 엉망진창인 세상을 왜 내가 책임져야 한단 말인가? 이렇게 좁은 관점으로 바라보면 이해가 되지 않는 것이 당연하다.

그런데 우리 주변에서 발생하는 일을 하나하나 곰곰이 생각해보면 많은 일이 우리 내면이 드러난 결과임을 알 수 있다. 이는 자신의 내면이 어떤 상태인지, 지금 내 안에서 무슨 일이 일어나고 있는지 알 수 없을 때 외부로 시선을 돌리면 알 수 있다는 뜻이기도 하다. 우리는 우주가 드러내는 현상을 통해 자신이 지금 어떤 상태인지 돌아볼 수 있다.

여기서 필자의 예를 들어보겠다. 나는 실연을 당할 때마다 나 자신을 짓밟고 무시하는 나를 본다. 이런 버릇은 내 마음 깊은 곳에 있는 '나는 사랑받을 자격이 없다'라는 신념이 드러난 결과이다. 내가 온갖 노력을 기울여 이런 사실을 부정하고 내면을 바라보는 대신 자꾸 현실을 도피했기 때문에, 어떤 이성을 만나도 우주가 실연을 당하는 상황을 만들어 내게 이 사실을 일깨우는 것이다. 스스로 내면의 문제를 깨닫고 이를 고치도록 자발적으로 노력하지 않는 한, 자기 자신에게 상처를 주는 행동은 언제까지나 계속될 것이다.

'동시성'에 관한 이론을 제시한 대표적 심리학자로 칼 융Carl Gustav Jung을 꼽을 수 있다. 그는 개인의 주관적 심리 상태와 외부의 객관적 사실 사이에는 신비한 호응 관계가 있다고 주장했다. 예를 들어보자. 어떤 여성이 융에게 자신이 꿈에서 금거북이 같은 물건을 보았다고 했다. 그런데 신기하게도 융이 상담 도중 창문을 열자 신기하게도 창틀에 금거북이 한 마리가 붙어 있었다.

이런 일은 그저 우연일 뿐 호들갑을 떨 일이 아니라고 말할 수도 있다. 그러나 이러한 우연이 보여주는 의미를 찾아낸다면 세상의 많은 일이 우리의 내면을 투영한다는 사실을 알 수 있다. 그것이 크든 작든 상관없이 말이다. 금거북이가 눈앞에서 기어다니는 걸 보고서야 비로소 그 사실을 깨달았다면 그동안 우리가 너무 눈을 감고 살았다고 말할 수밖에 없다. 유명한 '호량의 변' 이야기는 장자 자신이 어떻게 우주와 동시성을 이루었는지 보여준다.

> 장자와 혜자가 호량◆에서 산책을 하고 있었다. 장자가 "물고기가 물속에서 유유히 헤엄치고 있네. 저 물고기들은 참 즐겁구나"라고 말하자 혜자가 물었다. "자네는 물고기가 아닌데 저들이 즐거운지 어떻게 아는가?" 그러자 장자가 대답했다. "자네는 내가 아닌데 내가 물고기가 즐거운지 아닌지 모른다는 걸 어떻게 알았나?" 혜자가 다시 말했다.

◆ 호수 위의 다리를 의미한다-옮긴이

"나는 자네가 아니기 때문에 당연히 자네를 이해할 수 없지. 같은 이치로 자네도 물고기가 아니니 물고기가 즐거운지 여부를 알 수 없다는 말이네. 이는 완전히 확실한 사실이지."

다시 장자가 말했다. "처음으로 돌아가서 묻겠네. '자네는 물고기가 즐거운지 어떻게 알았나?' 하는 질문이 성립되는 전제조건은, 물고기가 즐겁다는 사실을 내가 안다고 자네가 이미 확신하고 있다는 걸세. 사실 답은 간단하지. 나는 그것을 호량에서 알았다네."

장자여혜자유어호량지상莊子與惠子遊於濠梁之上 장자왈莊子曰 조어출유종용鯈魚出遊從容 시어지락야是魚之樂也 혜자왈惠子曰 자비어子非魚 안지어지락安知魚之樂 장자왈莊子曰 자비아子非我 안지아불지어지락安知我不知魚之樂 혜자왈惠子曰 아비자我非子 고불지자의固不知子矣 자고비어야子固非魚也 자지불지어지락전의子之不知魚之樂全矣 장자왈莊子曰 청순기본請循其本 자왈여안지어락운자子曰汝安知魚樂雲者 기이지오지지이문아旣已知吾知之而問我 아지지호상야我知之濠上也

_《장자》〈추수〉 편

이 이야기는 짧지만 여러 가지로 해석할 수 있다. 당신 또한 당신의 관점에서 해석할 수 있다.

먼저 이 이야기는 서로 다른 두 가지 사고방식이 대립하는 모습을 보여준다. 혜자는 '인과'와 '연역'을 대변하지만 장자는 '동시성'을 추구하는 방향으로 사유한다.

혜자는 심지 능력이 발달한 사상가로, 모든 일에서 그 원인을 찾으려 한다. 그는 장자에게 무슨 근거로 물고기가 즐겁다고 단정하는지 계속 묻는다. 그런데 장자는 매사를 대립 구도로 보지 않는다. 그는 우주의 모든 이치가 개인의 내면을 드러낸다는 점을 알고 있기 때문에 물고기를 보면서 물고기가 즐겁다고 확신한 것이다. 동시성의 관점으로 매사를 바라보면 내면이 드러나기 때문에 다른 이런저런 이유가 필요하지 않다.

어른 인간으로 성장할수록 세계를 대립 구도로 바라보는 이원화된 관점은 조금씩 열어진다. 그래서 어른 인간의 세계관으로 세상을 볼 때는 어떤 대상을 외부에 존재하는 별도의 개체로 보지 않게 된다. 장자가 그랬듯이 말이다. 어른 인간에게 우주는 하나의 거대한 공동체이며, 모든 사람은 우주 안에서 함께 유동하는 세계를 공동으로 창조한다. 어른 인간은 자신 또한 우주와 같은 창조자임을 알고 있으며, 자신이 원하는 바를 우주에 맡기면 우주가 반드시 그것을 드러내 보여준다는 사실을 안다.

시중에 출간된 많은 책이 어떻게 소위 '우주의 기운'을 빌려 소원을 이룰 수 있는지 설명한다. 그러나 이런 책이 시키는 대로 아무리 해봐도 소용이 없다는 것을 모두가 알 것이다. 그것은 아이 인간의 생각으로 무작정 개인의 욕망을 투사하기 때문이다. 내가 원하는 일이 저절로 이뤄진다는 것은 아이 인간에게는 아주 매력적인 유혹이다. 생각만 하면 원하는 모든 것을 얻을 수 있다니 얼마나 근사한가! '많은 돈을 벌 거야', '부자랑 결혼할 거야', '지금까지와는 다른 삶을 살 거야' 등등. 하지만 개인의 사사로운 욕심을 내려놓고 자연의 법칙을 기꺼이 받아들이면서 세상을 신뢰하지 못한다면, 우주와 하나가 될 수 없으며 세상의 이치를 제대로 활용하지도 못할 것이다.

시험을 치를 때 출제자가 내는 문제의 의도가 무엇인지 안다면 굳이 꾀를 써서 커닝을 할 필요가 없다. 결국 자신의 내면을 먼저 어른 인간으로 성장시키고 자신이 원하는 바를 어떻게 드러낼지 잘 이해하게 되면 굳이 쓸데없는 책을 보면서 요행을 바랄 필요가 없다. 이것이 내가 독자들에게 진심으로 건네고 싶은 조언이다.

차원이 다른 사람들의 비결

가장 성숙한 사람은 자기가 없다. 가장 신묘한 사람은 공로가 없다. 가장 위대한 사람은 이름 없는 조용한 사람이다.

지인무기至人無己 신인무공神人無功 성인무명聖人無名

_《장자》〈소요유逍遙遊〉편

아프리카 원주민들은 가뭄이 심할 때마다 이른바 '비를 내리는 사람'을 찾아 기우제를 지내는 방식으로 문제를 해결한다. 비를 내리는 사람은 아무것도 하지 않고 그 마을에 가만히 앉아만 있어도 비가 온다는 것이다. 사실 '비를 만드는 사람'에게 마법 같은 건 없다. 그는 다만 사람들의 내면에 비가 내리도록 만들 뿐이다. 사람들의 마음속에

비가 내릴 것이라는 확신을 심어주고 그것이 실현되도록 기우제 자리에서 빌어주면 우주는 사람들의 기도에 자연스럽게 응답한다.◆

수많은 명의가 진찰해도 병을 고칠 수 없었던 환자가 어떤 종교 지도자에게 안수 기도를 받거나 특별한 관리를 한 후 기적적으로 치유되었다는 이야기를 한번은 들은 적이 있을 것이다. 회사에서 진행하던 프로젝트에 문제가 생겨 아무리 애를 써도 전혀 진행이 되지 않다가 어떤 사람이 일을 맡은 후 기적적으로 문제가 해결되어 크게 성공하는 경우도 있다.

이런 사람들은 특별히 운이 좋거나 하늘의 보살핌을 받는 존재가 아니다. 그들에게 어떻게 해서 그런 일이 가능했냐고 물으면 자신도 모른다고 대답할 수밖에 없다. 아마 모든 것이 그저 자연스럽게 흘러갔다고 말할 것이다.

이들은 그저 우주의 법칙에 잘 호응하면서 자신의 바람을 숨김 없이 열어 보인다. 이들은 그런 식으로 자신도 모르게 원하는 바를 이룰 수 있었다. 대다수 보통 사람들은 자신이 우주와 동떨어진 존재라고 생각하지만, 이들은 자신이 우주의 일부라고 생각하며 우주와 본인 사이에 빈틈이 없다고 여긴다.

《장자》는 이렇게 신통한 능력을 가진 이상적인 인물을 신인神人,

◆ 캐롤 피어슨S.Carol Pearson의 《내재하는 영웅The Hero Within》 185쪽 참조

진인真人, 성인聖人이라고 부른다. 나는 편의상 이들을 지인至人이라고 통칭하고자 한다. 지인이란 '인간의 잠재력을 최대한으로 발휘하는 사람'이라는 의미로, 가장 성숙한 인간이라고 볼 수도 있다. 〈소요유〉 편을 보면 이런 글이 있다.

견오가 연숙에게 말했다. "내가 접여와 교육에 관해 이야기한 적이 있는데, 그의 사상은 지나치게 방대하고 비현실적이며, 말을 시작하면 원래의 화제로 돌아가지 않았습니다. 나는 그의 말이 놀랍고 두렵습니다. 마치 은하수처럼 끝이 없고, 현실과 동떨어져서 사람의 감정에 어울리지 않습니다."

"뭐라고 했습니까?" 연숙의 물음에 견오가 대답했다.

"막고야 산에 신인이 살고 있는데, 피부는 얼음이나 눈 같고, 부드럽고 예쁘기는 젊은 여자 같고, 곡식을 먹지 않고 바람과 이슬을 마시며, 구름을 타고 용을 몰고 다니며 온 사방의 바다 밖에서 노닐고, 정신을 집중하면 만물이 병들지 않고 풍년이 들게 한답니다. 나는 이것이 미치광이의 말이라 생각해 믿지 않습니다."

견오문어연숙왈肩吾問於連叔曰 오문언어접여吾聞言於接輿 대이무당大而無當 왕이불반往而不返 오량포기언吾驚怖其言 유하한이무겁야猶河漢而無極也 대유경정大有徑庭 불근인정언不近人情焉 연숙왈連叔曰 기언위하재其言謂何哉 왈막고사지산曰藐姑射之山 유신인거언有神人居焉 기부약빙설肌膚若冰雪 요약약처자淖約若處子 불식오곡不食五

穀 흡풍음로吸風飮露 승운기乘雲氣 어비룡禦飛龍 이유호사해지외而遊乎四海之外 기신응其神凝 사물불자려이년곡숙使物不疵癘而年穀熟 오이시광이불신야吾以是狂而不信也

_《장자》〈소요유〉편

접여가 묘사한 고야신인姑射神人이란 우주와 높은 수준으로 융합한 사람이다. 그는 매우 강한 신선의 기질을 가지고 있어 마술이라는 뜻을 가진 'witchcraft'로 해석할 수도 있다.◆ 고야신인이 자신의 소원을 우주에 맡기는 순간 우주는 자연스럽게 그것을 드러내준다. 따라서 그는 노동을 할 필요가 없이 정신만 집중하면 농작물이 풍작을 이루어 마치 천국에 있는 것과 같다고 한다.

사실 이 말은 지나치게 비현실적이어서 보통 사람들은 거부한다. 하지만《장자》는 이어서 말한다.

그 말을 들은 연숙이 말했다. "그렇습니다. 장님은 아름다운 풍경을 보지 못하고 귀머거리는 종소리와 북소리를 듣지 못합니다. 그런데 어찌 육체에만 장님과 귀머거리가 있겠습니까? 앎에도 장님과 귀머거리가 있습니다. 이 말은 그대에게 딱 들어맞습니다. 그 사람의 덕은 만물을 혼합해 하나로 만드는 데 있지요. 사람들은 세상을 자기 뜻대로 다스리기를 바라지만 누가 힘들게 세상일을 자기 일처럼 삼겠습니까? 어

◆ 어떤 의미에서《장자》사상에는 무술巫術의 색채가 있다. 양유실楊儒賓의《유문내적장자儒門內的莊子》참조

떤 것도 그를 상하게 하지 못합니다. 큰 홍수가 나서 물이 하늘까지 차더라도 그는 아무것도 적실 수 없고, 큰 가뭄이 나서 쇠와 돌이 녹고 땅과 산이 타더라도 그는 뜨겁지 않습니다. 먼지떼와 쭉정이 겨로 요순을 만들어낼 만한데, 누가 세상일을 자기 일로 삼겠습니까?"

연숙왈連叔曰 연然 고자무이여호문장지관瞽者無以與乎文章之觀 농자무이여호종고지성聾者無以與乎鍾鼓之聲 기유형해유롱맹재豈唯形骸有聾盲哉 부지역유지夫知亦有之 시기언야是其言也 유시여야猶時女也 지인야之人也 지덕야之德也 장방박만물이위일將旁礴萬物以爲一 세기호란世蘄乎亂 숙폐폐언이천하위사孰弊弊焉以天下爲事 지인야之人也 물막지상物莫之傷 대침계천이불닉大浸稽天而不溺 대한금석류大旱金石流 토산초이불열土山焦而不熱 시기진구비강是其塵垢粃糠 장유도주요순자야將猶陶鑄堯舜者也 숙긍이물위사孰肯以物爲事

_《장자》 〈소요유〉 편

《장자》가 묘사하는 고야신인은 원하는 바를 이뤘을 뿐 아니라 물에 빠지지 않고 불에도 타지 않는 사람으로 불가에서 말하는 금강불괴지신金剛不壞之身과 같다. 이런 일이 어떻게 가능할까? 신인에게는 사물에 대한 고정관념이 없기 때문에 홍수나 가뭄을 위험한 것이라고 보지 않는다. 우리가 외부 사물을 자기 기준대로 판단하고 저항하지 않는다면 외부 사물도 우리를 다치게 하지 않는다는 것이다.◆

우주는 우리의 내면을 드러내는 존재에 불과하다. 고야신인은 세상 이치에 맞서려는 마음이 없기 때문에 세상도 그를 해치지 않는 것이다. 보통 사람들은 인간의 내면에 이러한 초자연적인 능력이 있다는 것을 믿지 않지만《장자》는 이것이 사실이라고 믿었다. 이러한 이치를 믿지 못하는 이유는 당신의 사고력이 너무 좁아서 자기 자신의 잠재력과 가능성을 억제하기 때문이라는 것이다.

《장자》를 읽는 사람은 자신도 고야신인과 같은 힘을 얻을 수 있기를 바랄 것이다. 그렇게 되면 원하는 일을 하는 데 있어 어떠한 상처도 받지 않을 수 있다. 그러나 실제로 고야신인에게는 어떠한 신기한 능력이 없다. 그는 소원을 빌고 마음을 닦으면서 세상의 이치를 따를 뿐이다. 그는 세상에 대한 믿음으로 충만하지만 어떠한 결과도 함부로 예측하거나 현실을 제약하지 않는다.

살면서 겪는 모든 일이 우주의 이치대로 생겨나고 완성되는 것이라면 신인 또한 결코 신기한 능력을 갖춘 존재가 아니다.《장자》가 '신인에게는 아무런 공로가 없다'라고 주장하는 바는 이런 측면으로 이해하는 것이 마땅하다.

◆ 고야신인의 "큰 홍수가 나서 물이 하늘까지 차도 그는 적실 수조차 없고, 큰 가뭄이 나서 쇠와 돌이 녹고 땅과 산이 타더라도 그는 뜨겁지 않습니다"에 관한 해석은 아래《장자》의 〈달생〉 편을 참조하라.
"지인至人은 물에 들어가도 숨이 막히지 않고, 불을 밟아도 뜨겁지 않으며 만물을 내려다보는 높은 낭떠러지 위를 걸어도 두려움에 떨지 않는다고 합니다. 어떻게 하면 이런 경지에 도달할 수 있습니까?" 관윤이 말했다. "순수한 기氣를 지키고 있기 때문이다. 그것은 지혜나 기교, 또는 용감하다고 할 수 있는 종류는 아니다. …… 그의 가슴에 삶과 죽음, 놀라움과 두려움이 스며들지 않으니 무엇에 부딪혀도 두려워하지 않는 것이다. 그는 술로 완전한 정신을 얻기에 이와 같은 것이다. 하물며 자연에서 완전한 정신을 얻은 사람이야 어떻겠는가? 성인은 자연에 몸을 담고 있으므로 아무것도 그를 상하게 할 수 없다."

잘 곳과 마실 물로도 충분하다

〈소요유〉 편에는 또 하나의 이야기가 등장한다. 고대 성왕인 요임금이 천하를 허유에게 물려주고자 한다. 그 이유는 다음과 같다.

> 요임금이 천하를 허유에게 물려주고자 말했다. "해와 달이 밝게 비치는데도 횃불을 끄지 않으면 이는 헛수고가 아니겠소. 때에 맞춰 비가 내리는데 논밭에 물을 댄다면 이 역시 헛수고가 아니겠소. 선생이 천자가 된다면 천하가 제대로 다스려질 텐데 내가 무엇 때문에 천자의 지위에 머물러 있겠소. 내가 생각해도 스스로 모자라는 것 같소. 그러니 부디 천하를 맡아주기 바라오."

요양천하어허유왈堯讓天下於許由曰 일월출의日月出矣 이작화불식而爝火不息 기어광야其於光也 불역난호不亦難乎 시우강의時雨降矣 이유침관而猶浸灌 기어택야其於澤也 불역노호不亦勞乎 부자립이천하치夫子立而天下治 이아유시지而我猶屍之 오자시결연吾自視缺然 청치천하請致天下

_《장자》〈소요유〉 편

요임금에 의하면 허유는 신인이다. 그는 우주와 고도로 일치하는 상태여서 마치 태양이나 달처럼 대지를 비추고 때에 맞춰 내리는 비처럼 세상을 적신다. 허유의 능력이 너무나 탁월해서 그는 한자리에 가만히 있어도 천하 만물이 보살핌을 받을 수 있었다. 이에 요임금은 허유가 임금 자리에 앉는 것이 옳다고 여겨 그에게 왕위를 물려주려 한다. 그러나 허유는 이를 거절한다.

허유가 대답했다. "그대가 천하를 맡은 이후로 이미 잘 다스려지고 있소. 그런데 내가 그대를 대신한다면 이는 이름을 위한 일이 될 것이오. 이름이란 본질이 아닌 부수적인 것에 지나지 않소. 그대는 어찌 나더러 부수적인 존재가 되라는 것이오? 뱁새는 깊은 숲속에서 보금자리를 틀지만, 나뭇가지 하나로 족하오. 두더지는 강물을 마시지만 배를 채우는 데 지나지 않소. 그러니 부디 단념하시오. 내게는 이 천하가 아무 의미가 없소. 비록 요리사가 주방 일을 소홀히 한다 해도, 제사 담당자가 술 항아리와 도마를 넘나들면서 요리사의 일을 대신할 수야 없지 않겠소."

하유왈許由曰 자치천하子治天下 천하기이치야天下旣已治也 이아유대자而我猶代子 오장위명호吾將爲名乎 명자名者 실지빈야實之賓也 오장위빈호吾將爲賓乎 초료소어심림鷦鷯巢於深林 불과일지不過一枝 언서음하偃鼠飮河 불과만복不過滿腹 귀휴호군歸休乎君 여무소용천하위予無所用天下爲 포인수불치포庖人雖不治庖 시축불월준조이대지의尸祝不越樽俎而代之矣

_《장자》〈소요유〉편

요임금은 허유에게 왕위를 넘기는 것이 명실상부한 일이라고 생각했다. 그러나 허유의 생각은 달랐다. 자신에게는 천하를 다스리는데 아무 공로가 없는데 어찌 왕의 자리에 오를 수가 있단 말인가? 허유는 이런 생각으로 요임금의 제안을 거절한다. 그는 일부러 사양하는 시늉을 한 것이 아니라 진심으로 자신이 어떻게 천하를 평정했는지 몰랐다. 그는 세상의 흐름에 모든 것을 맡기고 마음의 문을 활짝 열어 만사가 이치대로 진행되기를 기다렸으며 나라를 다스리는 것은 자신과는 전혀 상관없는 일이라고 생각했다.

허유는 인간과 천지 만물 사이에 잘 곳과 물을 마실 곳이 있다면 족하다고 생각했다. 그는 우주의 이치가 어디에나 있으며, 어떤 명예도 필요없다고 생각했다. 왕의 자리는 인간이 만들어낸 장난감에 불과한데, 이미 모든 면에서 성숙한 경지에 달한 사람에게 이런 자리가 무슨 소용이 있겠는가.《장자》를 다시 살펴보자.

송나라 사람이 갓을 팔기 위해 남월에 갔다. 그런데 월나라 사람들은 단발머리에 문신을 하고 있어서 갓을 쓸 일이 없었다. 요는 백성을 다스려 천하를 평정하고 네 명의 신인을 만나러 멀리 고야의 산으로 갔다. 그는 분수 강북에서 안타깝게도 자신이 천하를 평정했다는 공로를 잊고 말았다.

송인자장보이적제월宋人資章甫而適諸越 월인단발문신越人斷髮文身 무소용지無所用之 요치천하지민堯治天下之民 평해내지정平海內之政 왕견사자막고사지산往見四子藐姑射之山 분수지양汾水之陽 요연상기천하언窅然喪其天下焉

_《장자》 〈소요유〉 편

요임금은 천하를 평정하고 정국을 안정시켜 왕으로서 최고의 업적을 달성했다. 그런데 자만에 빠진 임금이 고야산의 신인 앞에 서니 자신이 마치 유치한 아이처럼 느껴졌다. 마치 낡아빠진 장난감을 들고 어른 앞에서 자랑하면서 자신이 대단하다고 느끼는 것과 같았다. 마치 송나라 사람이 갓을 팔려고 남월에 간 것처럼 어리석은 일이었다.

어른 인간으로 올바르게 성장한 사람은 보통 사람들이 중요하게 여기는 돈, 명예, 권력에 그리 큰 매력을 느끼지 못한다. 그것보다 더 가치 있는 우주의 이치를 깨달았기 때문이다. 언제 어디서나 우주의 이치 안에 머물면서 인생을 즐기는데 뭣하러 권력이나 타인의 칭찬

따위로 자신의 가치를 정하겠는가.

> 우주의 입장에서는 아이인데도 사람들에게는 군자로 보인다. 사람들이 보기에는 군자인데도 우주의 입장에서는 아이로 보인다.
>
> 천지소인天之小人 인지군자人之君子 인지군자人之君子 천지소인야天之小人也
>
> _《장자》〈대종사〉 편

세상에서 가장 높은 영예를 누리는 사람들이 우주의 관점으로 보면 유치한 어린아이에 불과할 수도 있다. 겉으로 드러나는 가치를 인정받는 게 그들을 높은 지위에 오르게 하는 원동력이라면, 사회적 지위가 아무리 높아도 그들의 내면은 연약한 어린아이에 지나지 않는다. 어쩌면 그들은 매우 성공한 어린아이일 수도 있다. 그러나 그들은 아무리 높은 지위을 얻고 대단한 성과를 거두어도 내면의 공허함을 메울 수 없어서, 세상으로부터 뭔가를 얻기 위해 시간을 보내느라 내면의 성장을 등한시할 수 있다.

그렇다면 성숙한 사람은 어떤 모습을 하고 있을까? 바로 지금에 충실한 모습이다. 이들은 이 순간도, 다음 순간도 우주의 이치 안에서 살고 있다. 이들은 결코 타인으로부터 인정을 받을 생각이 없으며, 우연히 명예를 얻더라도 그것이 뜬구름과 같다는 사실을 알기 때문에 개의치 않는다.

나만의 속도로 성장하고 사랑한다

厭世講堂

사랑이 있는 사람만이 타인을 사랑할 수 있다

진정으로 성숙한 사람은 타인을 어떻게 사랑할까? 나는 철이 들면서부터 이 문제를 늘 고민했다. 그러던 중 십대 중반에 우연히 읽은 책의 한 구절이 크게 와 닿았다.

> 우주는 만물을 어질게 대할 필요가 없으며, 만물을 풀이나 들개 대하듯 한다. (만물은 이미 생존에 필요한 모든 것을 갖고 있다.)◆

◆ 짚으로 엮어 제사상에 올리는 제수품을 흔히 추구芻狗라 일컫는다. 나는 이 해석을 따르지 않고, 왕필王弼의 《노자》 주해를 참고해 이 구절을 번역했다. 이 구절에 대한 왕필의 이해가 매우 훌륭하다고 판단했기 때문이다. "대지는 결코 야수를 위해 풀을 생겨나게 하지 않았지만, 야수는 자연스레 풀을 먹게 된다. 대지는 인간을 위해 개를 태어나게 하지 않았지만, 인간은 자연히 개를 잡아먹는다. 만물을 돕지 않아도 만물은 각자 필요한 것을 사용할 수 있으며, 한 번도 부족함이 없었다."

천지불인天地不仁 이만물위추구以萬物爲芻狗

_《도덕경》〈5장〉

무척이나 냉소적이었던 나는 당시 이 말의 의미를 이해할 수 없었다. 그저 세상이 너무 잔인하다고 느꼈다. 우주는 만물을 창조해놓고도 끝까지 책임을 지지 않고, 사람들이 어떤 고통을 느껴도 아무 상관도 하지 않는다고 생각했다. 고등학교 때 선생님은 노자의 이 말이 '세상 어느 쪽으로도 치우치지 않은 사랑'이라고 설명해주셨다. 그러나 어린 마음에 '어느 쪽으로도 치우치지 않은 사랑'이라는 게 무슨 의미인지 이해할 수 없었다. 나는 '어느 쪽으로도 치우치지 않은 사랑'과 '사랑하지 않는 것'의 차이를 구별할 수 없었다. 사랑한다면 반드시 표현해야 한다고 생각했기 때문이다. 표현하지 않는데 상대가 나를 사랑하는지 어떻게 알겠는가?

이후 몇 년 동안 나는 몇몇 이성을 사랑했고 사랑을 받기도 했다. 친구나 가족에게 상처를 주기도 하고 그들로부터 상처를 받기도 했다. 그러는 동안 무엇이 진실한 사랑이고 무엇이 사랑이라는 이름으로 상대를 구속하는 것인지 조금씩 배워갔다.

자신의 가슴에 사랑이 있는 사람만이 다른 사람에게 사랑을 줄 수 있다. 사랑이 없는 사람은 그렇게 할 수 없다. 세상에 대가를 바라지 않는 나눔과 베풂이 있다는 사실을 믿지 않기 때문이다. 나는 모든 사람이 성장하는 동안 타인을 어떻게 사랑해야 하는지를 배워야 한다고 생각한다. 사랑학이라는 학문이 있다면 첫 번째 주제는 '조건부 환심 사기를 사랑으로 착각하지 않는 법'이 될 것이다. 환심을 산다는 것이 내가 타인에게 잘해주는 만큼 타인도 나에게 잘해줘야 한다, 내가 상대에게 이렇게 대하니 상대는 절대 나를 떠나서는 안 된다는 '거래'에서 출발한다면, 거래가 성사되는 순간 불행도 함께 시작될 것이다.

자기 중심에서 벗어나지 못하는 한 모든 생각은 자기 입장을 우선시할 수밖에 없다. 입으로는 상대를 사랑한다고 말하지만 실제로는 자기만족을 위해 타인의 환심을 사려고 할 수밖에 없으며, 이는 결국 상대가 나의 계획대로 움직여주기를 바라는 것에 지나지 않는다. 이런 사람은 타인을 자기 시나리오의 특정 배역 정도로 생각하며, 자신이 생각하는 모습을 보이지 않으면 분노하고 상처받는다. 모든 사람에게는 각자가 바라는 역할과 방식이 있다는 사실을 받아들이지 못하는 것이다.

사랑이란, 내가 사랑하는 사람이 그만의 방식으로 원하는 삶을 살아가는 것을 곁에서 포용하고 지지하며 바라봐주는 것이다. 나의 방식을 고집한다면 상대가 원하고 추구하는 삶을 진심으로 받아들일 수 없다. 세상 모든 사람은 저마다 자기 인생의 주인공이 되고 싶어 한다. 진정한 사랑을 하려면 자신만이 주인공이 되고자 하는 욕심에서 벗어나 타인의 인생을 존중하고 그 사람의 인생을 실현하는 데 협조하는 법을 배워야 한다.

공자는 진정으로 위대한 통치자 역시 백성을 이런 방식으로 사랑한다고 주장했다.

노자가 말했다. "성군은 천하를 다스림에 있어 천하가 그 혜택을 입어도 이를 자신의 공덕으로 여기지 않고, 만물에 교화를 베풀어도 백성이 느끼지 못한다. 그가 어떤 방법으로 천하를 다스리는지 아는 사람이 없으며, 백성은 각자 하늘이 내린 재주를 발휘하며 환희를 느낀다. 그는 변화 사이에 우뚝 서서 허무의 경지에서 유유히 노닌다."

노담왈老聃曰 명왕지치明王之治 공개천하이사불자기功蓋天下而似不自己 화대만물이민불시化貸萬物而民弗恃 유막거명有莫舉名 사물자희使物自喜 입호불측立乎不測 이유어무유자而遊於無有者也

_《장자》 〈응제왕〉 편

가장 성숙한 사랑이란 상대가 알아차리지 못하게 지켜주는 것이다. 상대가 쓰러지고 상처를 입었을 때 마음이 급해져도 함부로 나서면 안 된다. 누구나 스스로의 힘으로 자신을 성장시켜야 하기 때문이다. 상대방이 시련을 통해 배울 기회를 빼앗기보다는 본인의 힘으로 다시 일어서게 지지해주어야 한다. 선불리 손을 내밀었다가는 오히려 그 사람의 성장에 방해가 될 수도 있다.

당신 주변에 그런 사람이 있다면, 그 사람은 자신이 당신의 지지와 응원을 받고 있다는 사실을 모를 수도 있다. 그러면 어떤가? 그 사람이 성장하면서 자아를 실현해가는 모습을 지켜보는 것만으로도 당신은 큰 만족감을 느낄 것이다. 그렇다면 비록 그 사람 곁에 다른 사람이 있더라도 상관없다. 어쩌면 커다란 고통으로 가슴이 찢어질지도 모른다. 하지만 누군가를 진심으로 사랑한다면 가슴이 찢어지는 아픔을 겪을 수도 있다는 사실부터 감수해야 한다.

혹시라도 당신이 살아가면서 누구에게도 사랑받지 못하고 있다고 느낄 때, 어쩌면 자신이 이미 사랑을 받고 있을 수도 있다고 생각해보자. 그 사랑이 너무나 크고 위대해서 눈치를 채지 못하는 것은 아닐까?

세상에는 반드시 당신의 자리가 있다

우리는 왜 고독하다고 느끼는 걸까? 우리가 분리된 시선으로 자신과 세상의 관계를 이해하려 하기 때문이다. 이 세상을 살아가는 모든 사람을 하나하나의 객체로 보면 저마다 자기만의 관점을 가지고 자기만의 속도로 움직인다.

장자는 물고기를 통해 이런 상황을 설명한다. 연못이 마르면 연못 속 물고기가 모두 바닥에 드러나는 상황을 예로 들어, 물고기들이 자기 몸의 물기로 서로를 축여주면서 자구책을 삼는다는 것이다.

> 호수에 물이 말라 바닥이 드러나면 물고기들은 물기로 서로를 문지르고 거품을 내뿜어 적셔준다. 그래도 물이 많은 강과 호수에서 서로의 존재를 잊고 유유히 헤엄치던 때만 못하다. 요를 명군이라 칭송하고

걸을 폭군이라 책망하느니 대도에 있으면서 성군과 폭군의 차이를 잊는 편이 낫다. 대지는 나를 태어나게 하고, 육신을 주고, 나를 수고스럽게 해서 삶을 유지하게 하며, 나를 늙게 해서 한가로움을 누리게 해주고, 나를 죽게 해서 안식을 준다. 대지가 나의 생존을 완벽하게 만들었듯 나의 죽음도 완벽하게 만들 것이다.

천학泉涸 어상여처어륙魚相與處於陸 상구이습相呴以濕 상유이말相濡以沫 불여상망어강호不如相忘於江湖 여기예요이비걸與其譽堯而非桀 불여량망이화기도不如兩忘而化其道 부대괴재아이형夫大塊載我以形 노아이생勞我以生 일아이로佚我以老 식아이사息我以死 고선오생자故善吾生者 내소이선오사야乃所以善吾死也

_《장자》 〈대종사〉 편

인류의 현재 상황도 이와 똑같다고 볼 수 있다. 사실 우리 모두는 자신이 독립된 개체라고 생각한다. 그러나 인간은 절대 혼자서 살아갈 수 없으며 반드시 타인과 서로 돕고 의지해야 한다. 우리 영혼은 늘 타인으로부터 위로를 받고 싶어하며, 그렇지 못하면 정신적으로 피폐해진다. 바로 이런 이유로 우리는 주변 사람들과 다양한 관계를 유지하며 서로 도움을 주고받는다. 물론 이런 과정에서 서로에게 상처를 주는 일도 생긴다.

장자는 “어째서 물고기를 강이나 호수에 자유롭게 풀어두지 않는가?”라는 물음을 통해 우리가 이 세상에 존재한다는 것은 이미 무한한 사랑 속에서 살아가고 있다는 의미라고 주장한다. 우리가 이 세상에 태어난 것은 우주가 우리를 그만큼 사랑하기에 허락된 일이라는 것이다. 부모가 우리를 낳은 것도 우리를 사랑해서이며, 우리가 고기를 먹을 수 있는 것도 우주가 인간에게 사냥과 축산을 허락했기 때문이다. 우주 전체가 인간을 사랑하기에 우리가 세상에서 자유롭게 살 수 있는 것이다.

인간은 오랜 세월 자연의 보호를 받으며 살아왔다. 다만 불신과 공포에 압도되어 외롭고 고독하다고 느꼈을 뿐이다. 장자가 말하는 '강과 호수'는 하늘과 땅을 의미하며, 우리 모두는 우주의 일부로서 보살핌을 받는다.

어차피 우주의 보호 속에서 살아가는 인간이 물고기처럼 '물기와 거품으로 서로를 보살필' 필요가 있을까? 그저 '강호에서 서로를 잊고 살아가는 것'이 낫지 않을까? 장자는 〈대종사〉를 통해 이러한 메시지를 전하고자 했다.

"대지는 나를 태어나게 해서 육신을 주고, 나를 수고스럽게 해서 삶을 유지하게 하며, 나를 늙게 해서 한가로움을 누리게 해주고, 나를 죽게 해서 안식을 준다"는 부분을 읽을 때마다 나는 깊은 감동을 받는다. 이는 결코 거짓이 아니다.

당신이 어떤 사람이든, 좋은 사람이든 나쁜 사람이든 상관없이 이 세상에는 당신이 있을 자리가 이미 마련되어 있다. 당신은 당신의 자리에 그냥 존재할 뿐, 세상에서 뭔가를 더 추구해야 한다고 압박을 느낄 필요가 없다. 당신이 믿든 믿지 않든 우주는 당신을 세상에 존재하게 했다. 우주가 당신을 사랑한다는 것은 너무나 분명해서 증명할 필요가 없다. 아래는 북송 시대의 시인이자 정치인인 소식蘇軾의 글로,《장자》의 정수를 담았다고 손꼽힌다.

> 무릇 천지간의 사물에는 제각기 주인이 있으니, 그 자체가 나의 소유가 아니라면 한 터럭일지라도 억지로 추구하지 않아야 한다. 강 위의 맑은 바람과 저 산 위의 밝은 달을 바라보라. 바람 소리는 귀로 얻는 좋은 안주요 밝은 달은 눈으로 보는 향연이니, 바람 소리를 듣는다고 금할 이 없고, 밝은 달을 아무리 바라봐도 다함이 없다. 이는 조물주가 우리에게 무상으로 공급하는 보물이니 나와 그대가 함께 누릴 바로다.
>
> 차부천지지간且夫天地之間 물각유주物各有主 구비오지소유苟非吾之所有 수일호이막취雖一毫而莫取 유강상지청풍惟江上之清風 여산간지명월與山間之明月 이득지이위성耳得之而爲聲 목우지이성색目遇之而成色 취지무금取之無禁 용지불갈用之不竭 시조물자지무진장야是造物者之無盡藏也 이오여자지소공적而吾與子之所共適
>
> _《전적벽부前壁赤賦》

우리는 결코 고독하다고 좌절하지 말아야 한다. 애초부터 고독 같은 건 없었으니 말이다. 남들에 비해 부족하다고 느끼지 말아야 한다. 부족함도 애초부터 없었으니 말이다. 대가를 치러야 한다고도 생각하지 말아야 한다. 왜냐하면 당신은 이미 대가를 치렀으며 지금도 치르고 있기 때문이다.

인생이란 각본을 다시 쓸 수 있는 이유

성숙한 사람이라면 자신이 언제나 누군가로부터 사랑받고 있다는 사실을 안다. 그러므로 세상의 모든 가능성에 열린 태도를 취한다. 비록 예상하지 못한 사고를 당했거나 불치병에 걸려 생사를 넘나든다 해도, 성숙한 사람은 현명하게 처신하며 현실을 온전히 받아들인다.《장자》의 다음 이야기는 큰 감동을 준다.

> 자사, 자여, 자리, 자래 네 사람이 모여 이야기를 했다. "무無를 머리로 삼고 삶을 척추로 삼고 죽음을 엉덩이로 삼아서 삶, 죽음, 존속, 죽음을 하나로 보는 사람이 있다면 나는 그와 친구가 되고 싶다." 네 사람은 서로 바라보며 웃었다. 그들은 뜻이 맞아 서로 친구가 되었다.

자사子祀 자여子輿 자리子犁 자래사인상여어왈子來四人相與語曰 숙능이무위수孰能以無爲首 이생위척以生爲脊 이사위고以死爲尻 숙지사생존망지일체자孰知死生存亡之一體者 오여지우의吾與之友矣 사인상시이소四人相視而笑 막역어심莫逆於心 수상여위우遂相與爲友

_《장자》〈대종사〉 편

불가에서는 생로병사를 괴로움이라고 말한다. 그러나 이는 인간의 좁은 관점으로 바라보는 결론일 뿐이다. 우주의 관점으로 볼 때 생로병사는 인간에게 주는 또 하나의 선물이다. 생로병사는 크게 보면 한 가지여서 마음에 드는 것만 고를 수가 없다. 당신이 '생'만 원하고 '노병사'는 거부하거나, '사'만 원하고 '생'을 마다할 수는 없다. 만약 그렇다면 아무것도 모르는 철부지 아이들이 떼를 쓰는 수준에 불과할 것이다. 자사, 자여, 자리, 자래는 모두 성숙한 사람이었기에 우주의 이치에 저항하지 않고 기꺼이 받아들였다.

어느 날 자여가 중병에 걸렸는데 몸이 비틀어질 정도로 그 모습이 참혹했다. 그의 인생에서 가장 큰 시련을 맞은 셈이었다. 이토록 커다란 고통 앞에서도 그는 여전히 우주의 이치에 복종할 수 있었을까? 아니면 세상을 원망하고 비난했을까?

얼마 후 자여가 병에 걸렸다. 자사가 문병을 가니 자여가 말했다. "우주는 참으로 위대하군. 내 몸을 이렇게 비틀어버렸으니 말이야." 자여는 허리가 구부러지고 등은 곱사등이가 되었으며, 그 위로 혈관 다섯 가닥이 튀어나왔다. 턱은 배꼽 밑으로 들어가고 양쪽 어깨는 정수리보다 높이 솟았으며 머리카락이 모두 하늘을 향해 곤두섰다. 온몸의 기가 완전히 어지러워졌는데도 자여는 아무 일 없다는 듯이 태연했다. 그는 비틀거리며 우물가로 가서 자신의 모습을 물에 비춰보았다.

"고마운 우주여. 이렇게 나를 비틀어놓았으니 찬사를 보냅니다."

"자네는 이렇게 된 것이 싫지 않은가?" 자사의 물음에 자여가 이렇게 대답했다. "아니네. 내가 어찌 싫어하겠는가. 나의 왼팔을 닭으로 변하게 하면 나는 사람들에게 새벽을 알려줄 것이네. 나의 오른팔을 화살로 변하게 하면 나는 새를 맞추어 구워 먹을 것이며, 나의 엉덩이를 수레바퀴로 변하게 하고 나의 사상을 말로 변하게 하면 나는 그 마차를 타고 두루 돌아다닐 것이니, 다른 수레를 탈 필요가 있겠는가? 얻었다면 우주의 이치에 따라 내게 주어진 것이며, 잃었다면 자연의 변화에 순응할 것이네. 만물의 흐름을 따르고 변화에 순응하면 슬픔이나 즐거움이 끼어들 틈이 없다네. 이것이 옛사람들이 말씀하신 해탈이지. 해탈하지 못하는 것은 외부로부터 구속을 받기 때문이네. 그런데 외부의 모든 사물은 우주의 조화를 결코 이길 수 없으니, 내가 어찌 싫다고 생각하겠는가."

아이자여유병俄而子輿有病 자사왕문지子祀往問之 왈曰 위재偉哉 부조물자夫造物者 장이여위차구구야將以予爲此拘拘也 곡루발배曲僂發背 상유오관上有五管 이은어제頤

隱於齊 견고어정肩高於頂 구췌지천句贅指天 음양지기유려陰陽之氣有沴 기심한이무사其心閑而無事 변족이감어정跰足而鑒於井 왈曰 차호嗟乎 부조물자우장이여위차구구야夫造物者又將以予爲此拘拘也 자사왈子祀曰 여오지호汝惡之乎 왈曰 망亡 여하오予何惡 침가이화여지좌비이위계浸假而化予之左臂以爲雞 여인이구시야予因以求時夜 침가이화여지우비이위탄浸假而化予之右臂以爲彈, 여인이구효자予因以求鴞炙 침가이화여지고이위륜浸假而化予之尻以爲輪 이신위마以神爲馬 여인이승지予因以乘之 기경가재豈更駕哉 차부득자시야且夫得者時也 실자순야失者順也 안시이처순安時而處順 애락불능입야哀樂不能入也 차고지소위현해야此古之所謂縣解也 이불능자해자而不能自解者, 물유결지物有結之 차부물불승천구의且夫物不勝天久矣 오우하오언吾又何惡焉

_《장자》〈대종사〉 편

자여의 입장에서 볼 때 우주의 모든 흐름은 순리이며, 우주가 인간에게 주는 모든 시련은 인생의 각본을 다시 쓸 수 있는 계기가 된다. 그는 인생의 각본을 미리 써두지 않았으며, 따라서 행운과 불행을 결정짓는 사건을 미리 알 필요가 없다고 생각했다.

자여는 우주가 자신을 닭으로 변하게 하면 사람들에게 기상 시간을 알려줄 수 있고, 우주가 자신의 팔을 활로 변하게 하면 그것으로 새를 잡을 수 있고, 우주가 자신을 마차로 변하게 하면 그것을 타고 사방을 돌아다닐 수 있다고 여겼다. 결국 우주가 자신을 어떻게 변화시키든 그에 맞게 자신의 계획을 수정해 삶의 의미를 부여할 수 있다고 생각한 것이다.

우리는 누구나 콤플렉스나 열등감을 가지고 있으며, 나 또한 나 자신에게 매우 불만이 많다. 나는 외모가 중요하다고 생각하는데 내 얼굴은 내 마음에 들지 않는다. 외모 외에도 많은 부분이 마음에 들지 않는다.

어쩌면 장자는 우리에게 이런 충고를 해주고 싶었던 것이 아닐까? 당신은 성형이나 화장을 통해 자신을 원하는 모습으로 변화시킬 수 있다. 그런데 우주가 굳이 우리에게 저마다의 육체와 운명을 준 것은 우리 각자에게 의미 있는 메시지를 주고 싶어서일 것이라고. 용기를 내어 당신이 가진 지금 그 모습대로 주변 사람들과 다른 인생을 살라고 말이다.

이것이 바로 우주가 당신에게 주는 선물이다. 이 선물을 받아들일지 거부할지는 당신이 결정할 일이다.

인생의 모든 일은 세상의 일부이다

여기까지 읽고 장자가 중요하게 여기는 것은 결코 사랑이 아니라 아무 감정 없이 무덤덤한 삶이라고 항변할 독자들도 있을 것이다. 감정은 한 사람의 삶에서 가장 중요한 것 중 하나인데, 장자가 말한 것처럼 천지만물과 생사의 변화에 전혀 무감각하다면 돌멩이와 다를 것이 있을까? 이 세상에 왔다 가는 것이 무슨 의미가 있느냐고 생각할 수도 있다. 그래서 마지막으로 몇 개의 에피소드를 통해 '정'과 '사랑'에 관한 우리의 관념을 바꾸고 싶다. 먼저 《세설신어世說新語》를 통해 동진東晉의 고승 지도림支道林이 학을 키우는 이야기를 살펴보자.

> 지도림은 학을 무척 좋아했다. 그는 섬동묘산에 살았는데 어느 날 아는 사람이 학 두 마리를 선물했다. 학은 점점 자라 날개의 깃털이 풍성

해졌는데, 학이 날아갈까 봐 아쉬웠던 지도림은 학의 날개 깃털을 잘라버렸다. 두 마리의 학은 날개를 들어올렸지만 날 수 없었고, 날갯죽지를 바라보며 고개를 푹 숙여버리는 것이 무척 상심한 모습이었다. 그 모습을 본 지도림은 뭔가 깨달았다는 듯이 말했다. "이미 하늘 높이 나는 자태로 원대한 이상을 지녔는데 어찌 사람의 이목을 즐겁게 하는 애완물이 되겠느냐!" 얼마 후 학의 날개가 자라나자 지도림은 학을 날려보냈다.

지공호학支公好鶴 주섬동묘산住剡東峁山 유인유기쌍학有人遺其雙鶴 소시시장욕비少時翅長欲飛 지의석지支意惜之 내쇄기핵乃鎩其翮 학헌저불복능비鶴軒翥不復能飛 내반고시乃反顧翅 수두垂頭 시지여유오상의視之如有懊喪意 림왈林曰 기유능소지자既有凌霄之姿 하긍위인작이목근완何肯爲人作耳目近玩 양령핵성養令翮成 치사비거置使飛去

_《세설신어》〈언어言語〉편

이 이야기는 지도림이 학을 무척 사랑하는 사람이라는 사실을 알려준다. 다만 그가 학을 사랑하는 방식은 그렇지 않았다. 처음에 그는 자신의 입장에서 사랑한다. '내가 너를 사랑하니까 넌 내 곁에 남아 있어야 해. 너를 바깥세상으로 보내 고생시키는 것이 싫고, 네가 비바람을 맞는 모습을 보는 것도 힘들어.' 지도림의 사랑은 이런 관점에서 비롯되었기 때문에 학의 깃털을 잘라버리고 자신의 곁에 두어 언제까지나 보살피려 한다. 그는 이것이 학을 사랑하는 방법이라고 생각했다.

그러나 자기 마음대로 날지 못하는 학을 학이라고 할 수 있을까? 학은 상심해 고개를 늘어뜨리고 깃털이 잘려나간 날개를 바라보았다. 아름다운 정원에 살면서 좋은 사료를 먹지만 자신의 정체성을 잃어버린 것이다. 자신이 학인지 사람들의 애완동물인지도 알지 못한다.

그 모습을 본 지도림은 마침내 자신이 원한다고 해서 학을 가둬놓는 것이 학에게는 좋지 않으며 자신의 일방적인 사랑에 불과했음을 알게 된다. 상대를 진실로 사랑한다면 그를 자유롭게 해 가장 진실한 모습을 찾게 해주어야 한다는 사실을 깨닫는다.

결국 지도림은 학의 깃털이 다시 자라자 야생으로 돌아가게 해준다. 학은 비바람을 맞을 수도 있고 사냥꾼의 손에 죽어 가슴 아픈 생을 마감할 수도 있지만, 지도림은 이 방법이 진정으로 학을 위하는 길이며 그것이 학을 사랑하는 가장 좋은 방식임을 깨닫는다. 학을 진심으로 사랑했기에 학이 새로서 정체성을 되찾기를 원한 것이다.

우리는 이 이야기를 통해 과연 무엇이 진정한 사랑인지 고민해볼 수 있다. 나를 중심에 두는 사랑은 누구나 할 수 있다. 그러나 진실로 위대한 사랑은 무아無我를 중심에 두는 사랑이다.

사람들은 잘 느끼지 못하지만 우주의 사랑은 분명히 존재한다. 《장자》에 수록된 다음 이야기는 마음을 아프게 하지만 몇 번 곱씹어 읽어보면 그 심오함이 드러난다.

자여와 자상은 가까운 친구 사이였다. 장대비가 열흘이나 계속되자 자여는 걱정이 되었다. '자상이 비에 갇혀 병이 나지 않았을까?' 그는 먹을 것을 준비해 자상을 찾아갔다. 문 앞에 이르자 거문고 소리와 노래인지 울음인지 모를 소리가 들렸다. "아버지인가, 어머니인가, 하늘인가, 사람인가?" 아주 작은 소리로 계속 같은 가사를 되풀이했다. 자여가 문을 열고 들어가 물었다. "자네는 무슨 노래를 부르고 있나?" 그러자 자상이 대답했다. "내가 왜 이렇게 곤궁한지 생각해보았으나 그 이유를 찾을 수 없네. 설마 부모님이 일부러 내게 시련을 주실 리 없으며, 하늘과 땅이 모든 만물을 보살피면서 굳이 나에게만 가혹할 리도 없지 않은가. 이런 처지로 만들어달라고 애걸해도 그럴 가능성이 없지. 내가 이 꼴이 된 것은 아무래도 운명인가 보네."

자여여자상우子輿與子桑友 이림우십일而霖雨十日 자여왈子輿曰 자상태병의子桑殆病矣 과반이왕식지裹飯而往食之 지자상지문至子桑之門 즉약가약곡則若歌若哭 고금왈鼓琴曰 부야모야父邪母邪 천호인호天乎人乎 유불임기성有不任其聲 이추거기시언而趨擧其詩焉 자여입子輿入 왈曰 자지가시子之歌詩 하고약시何故若是 왈曰 오사부사아지차극자이부득야吾思夫使我至此極者而弗得也 부모기욕오빈재父母豈欲吾貧哉 천무사복天無私覆 지무사재地無私載 천지개사빈아재天地豈私貧我哉 구기위지자이불득야求其爲之者而不得也 연이지차극자然而至此極者 명야부命也夫

_《장자》〈대종사〉 편

자상이라는 사람은 형편이 몹시 어려웠던 모양이다. 돈이 없으니 집에 식량이 있을 리 없었다. 장대비가 연일 내리자 집 밖으로 나갈 수가 없었던 그는 어쩔 수 없이 배를 곯는다. 반면 친구인 자여는 형편이 좀 나았다. 친구 자상이 굶을 것을 걱정한 그는 먹을 것을 가지고 친구를 찾아가지만, 자상의 집에서는 당장이라도 숨이 넘어갈 듯 작게 부르는 노랫소리가 들려온다. 집 안으로 들어간 자여가 무슨 의미인지도 모를 노래를 부르는 이유를 묻자, 자상은 자신의 인생이 더 이상 살아갈 수 없을 정도로 가혹한 이유가 뭔지 생각하고 있다고 대답한다.

많은 사람들은 시련을 겪으면 하늘을 원망하거나 남의 탓을 하거나 운세 탓이라며 외부로 원인을 돌린다. 그러나 자상은 그렇지 않았다. 그는 천지가 자신을 태어나게 했으니 부모와 같으며, 부모가 자기 자식에게 일부러 시련을 주지는 않을 거라고 생각했다. '하늘과 땅도 모든 만물을 보살핀다'는 메시지를 잊지 말아야 한다. 모든 만물은 천지가 만들어낸 것이며, 천지는 만물을 차별하지 않고 똑같이 사랑한다. 우주가 사자를 편애하고 양을 미워하지 않듯이, 부귀한 사람들을 편애하고 빈곤한 사람들을 푸대접하지 않는다는 의미이다.

천지가 만물을 대하는 태도는 공평하며, 이것이 천지의 사랑이다. 그렇다면 세상에는 불공평한 일이 이토록 많을까? 왜 어떤 사람은 금수저를 물고 태어나 평생 걱정 없이 편하게 사는데, 왜 어떤 사람은 온갖 고통을 겪고 극심한 병에 시달리면서도 아무도 돌봐주지 않을까? 불교에서는 전생의 업보가 현생에 나타나며, 전생에서 나쁜 짓을 한 사람은 현생에서 고통을 겪는다고 주장한다. 하지만 장자는 여기에는 아무 이유가 없다고 주장한다. 어떠한 원인 때문에 고통을 겪는 게 아니라는 것이다.

인생을 살면서 마주하는 모든 좋고 나쁜 일, 귀하고 미천한 일은 이 세상에 없어서는 안 되는 일부이다. 높은 것이 있으면 낮은 것이 있고, 밝은 면이 있으면 어두운 면도 반드시 존재한다. 하나의 사물이 존재한다면 반드시 그 이치 또한 존재하며, 이 점을 안다면 당신이 원하든 원하지 않든 우주가 우리에게 베푸는 모든 것을 기꺼이 받아들일 수 있을 것이다.

우리가 평생 아이 인간의 상태로 살아간다면, 세상을 떠나기 직전까지 자신이 왜 태어났으며 인생을 살면서 이토록 많은 시련과 좌절을 겪어야 하는지 알지 못할 것이다. 대신 우리가 어른 인간으로 성장하면 이번 생에서 보고 듣고 겪는 모든 일을 감사하는 마음으로 받아들이고, 아쉬움 없이 자연으로 돌아갈 것이다. 결국 우리 모두는 자신만의 성장 여정을 떠나야 하며, 인간의 좁은 시야를 뛰어넘어 우주와 같은 속도로, 우주의 시각으로 삶을 바라보는 법을 배우고 자기 삶의 의미를 찾아야 한다.

자연에서 왔으니 자연으로 돌아간다

장자가 죽음을 앞두고 있을 때, 제자들이 장례를 성대하게 치르려 했다. 그러자 장자가 말했다. "나는 천지를 관으로 삼고 해와 달을 쌍벽으로 삼고 별을 장신구로 삼으며 만물을 순장물로 삼으려 한다. 이만하면 내 장례에 모자람이 없는데 무엇을 더 보태려 하느냐?"

제자들이 말했다. "스승님의 돌아가신 몸을 까마귀와 솔개들이 쪼아 먹을까 걱정이 되어 그렇습니다." 그러자 장자가 말했다. "시체를 땅에 버려두면 까마귀와 솔개의 먹이가 될 것이고 묻으면 개미의 먹이가 될 텐데 까마귀와 솔개의 먹이를 빼앗아 개미들에게 주려 하다니 어떻게 이렇게 편파적일 수 있는가."

장자장사莊子將死 제자욕후장지弟子欲厚葬之 장자왈莊子曰 오이천지위관곽吾以天地

爲棺槨 이일월위연벽以日月爲連璧 성진위주기星辰爲珠璣 만물위재송萬物爲齎送 오장구기불비야吾葬具豈不備邪 하이가차何以加此 제자왈弟子曰 오공오연지식부자야吾恐烏鳶之食夫子也 장자왈莊子曰 재상위오연식在上爲烏鳶食 재하위루의식在下爲螻蟻食 탈피여차奪彼與此 하기편야何其偏也

_《장자》〈열어구列禦寇〉편

장자가 제자들에게 가르친 마지막 수업은 죽음에 관한 것이었다. 비록 장자는 무정한 것처럼 보이지만 그를 잘 아는 사람은 사실 장자가 무척 다정하다는 사실을 알 것이다. 다정함이 극에 달하면 무정할 수밖에 없다. 장자는 개미를 편애할 수 없었으며, 솔개와 까마귀도 편애할 수 없었다. 그는 온 세상을 동일하게 사랑했으며, 억지로 선택을 강요당하는 것이 괴로웠다. 장자는 장례를 치를 필요가 없다고 생각했다. 장례란 인간이 고독하다는 것을 증명하는 절차라고 생각했기 때문이다.

많은 사람들은 자신이 죽은 후 잊힌다는 사실을 받아들이기 힘들어한다. 그러나 장자는 자신이 죽었다고 해서 사라지는 것이 아님을 알고 있었다. 자연에서 왔으니 자연으로 돌아가는 것뿐이다. 온 세상 만물이 자신을 보내준다면 그것이야말로 세상에서 가장 완벽한 장례가 아니겠는가? 그는 마지막 순간에 자신의 모든 정을 세상에 되돌려준 것이다.

에필로그

인생의 힘든 순간마다 내 곁에는 장자가 있었다

고전을 심오하고 세밀하게 해석해 많은 독자들에게 소개하는 일은 내 평생의 염원이었다. 그런데 고민은 많이 했지만 막상 실제로 이루어질 거라고는 한 번도 생각하지 못했다. 따라서 내가 이 책을 쓰면서 독자들에게 꼭 전하고 싶었던 메시지를 마지막으로 정리해보고자 한다.

많은 사람들이 오늘날 교육제도의 문제점을 지적하고 나도 많은 부분 동의하지만, 그럼에도 불구하고 내가 고전에 관심과 애정을 가질 수 있었던 이유는 국어 교과서 덕분이었다. 국어는 내가 학창 시절 유일하게 자신 있던 과목이었고, 교과서에서 접한 많은 고전 작품은 내게 억지로 외워야 하는 지식이 아니라 살아 있는 인생의 체험기

였다. 나는 고전을 읽을 때마다 그 당시 인물들과 정서적으로 교류를 나누며 위로와 응원을 받는다고 느꼈다. 고전 읽기는 청소년 시절 너무나 많은 고민을 안고 살아가던 내가 유일하게 위로받는다는 기분을 느끼게 해준 일이었다.

물론 당시에도 교과서나 참고서에 실린 고전 해석에 의문이 많았고 답답한 부분도 많았다. 내 생각과 달라도 시험을 치를 때는 세상이 요구하는 답을 그대로 써야 했다. 그래도 고전에 대한 관심만큼은 놓지 않았다.

나는 대학에서 중문과를 선택했고, 장리주張麗珠 교수님의 〈중국사상사〉 수업을 들으면서 체계적인 독서법과 사고법을 배웠다. 철학자들은 저마다 자기만의 화두를 안고 인생을 살아가는데, 우주 만물과 사물의 이치를 사색하는 방법 또한 그 사람의 화두를 중심으로 전개된다는 사실도 알게 되었다. 따라서 철학자들이 건네는 한 마디 한 마디는 그 사람의 체계와 화두 안에서 이해해야 한다는 것도 자연스레 알 수 있었다.

나는 기존에 해왔던 산발적인 독서가 아닌 보다 체계적인 방식으로 고전을 다시 읽기 시작했다. 그러다 어느 순간부터 합리적이면서도 깊이 있는 해석을 할 수 있게 되었고, 학창 시절 내내 가졌던 의문도 어느 정도 해소했다.

나는 학계의 주목을 받는 전도유망한 젊은 학자들과 대학자들이 쓴 책에 흠뻑 빠졌다. 학자들의 훌륭한 고전 해석을 접하면서 자연스레 시야를 넓히고 옳고 그름을 판단하는 능력을 키울 수 있었다. 그러나 학자들의 해석에서 벗어나 선인들의 글을 한 문장, 한 글자 단위로 해석하고 나의 삶을 통해 인증하고 나만의 견해로 소화하는 데는 생각보다 오랜 시간이 걸렸다.

나는 오늘날의 대다수 고전 해석이 몇몇 대가의 견해를 근거로 한다는 것을 깨달았다. 《논어》와 《맹자》는 대부분 주희朱熹의 주석을 따랐고, 일부는 왕양명王陽明이나 신유학자들의 주석, 그리고 청나라 한학자인 유보남劉寶楠과 초순焦循의 저서를 참고했다. 즉 고전을 이해하는 데는 특정한 원칙이 있으며, 사람들은 무조건 이 기준을 따라야 한다고 생각했다. 그런데 고전을 한 줄 한 줄 꼼꼼하게 읽고 고민하는 사람들은 극소수였다.

> 성군이 나지 않고 제후가 방자하며, 처사들이 의론을 함부로 내세워 양주와 묵적의 말이 천하에 가득하니, 천하의 말이 양주에게 돌아가지 아니하면 묵적에게 돌아간다. 양 씨는 나만을 위하니 이것은 임금이 없음이요, 묵 씨는 겸애를 주장하니 이는 아비가 없는 것이다. 아비가 없고 임금이 없는 것은 금수다.
>
> 공명의가 "푸줏간에는 살코기가 있고 마구간에는 살찐 말이 있거늘, 백성들이 주린 기색이 있고 들에는 굶어 죽은 시체가 있다면, 이는 짐승

을 거느리고 와서 사람을 잡아먹는 것이다"라고 말했다. 양묵의 도가 쉬지 않으면 공자의 도가 나타나지 못할 것이니, 이는 간사한 말로 백성을 속이고 인의를 막는 것이다. 인의가 막히면 짐승을 거느리고 사람을 잡아먹게 하다가 나중에는 사람들이 서로를 잡아먹게 될 것이다.

나는 이를 두려워하여 돌아가신 성인의 도를 지키고 양묵의 도를 막아서 음탕한 말을 몰아내며, 간사한 말을 하는 자가 일어나지 못하게 하려 한다. 간사한 말이 마음에서 일어나면 그 일을 해치며, 그 일에서 일어나게 되면 정사를 해칠 것이니, 성인이 다시 일어나도 나의 말을 바꾸지 않을 것이다.

성왕불작聖王不作 제후방자諸侯放恣 처사횡의處士橫議 양주楊朱 묵적지언영천하墨翟之言盈天下 천하지언天下之言 불귀양不歸楊 즉귀묵則歸墨 양씨위아楊氏爲我 시무군야是無君也 묵씨겸애墨氏兼愛 시무부야是無父也 무부무군無父無君 시금수야是禽獸也 공명의왈公明儀曰 포유비육庖有肥肉 구유비마廏有肥馬 민유기색民有饑色 야유아표野有餓莩 차솔수이식인야此率獸而食人也 양묵지도불식楊墨之道不息 공자지도부저孔子之道不著 시사설무민是邪說誣民 충새인의야充塞仁義也 인의충색仁義充塞 즉솔수식인則率獸食人 인장상식人將相食 오위차구吾爲此懼 한선골지도閑先聖之道 거양묵距楊墨 방음사放淫辭 사설자불득작邪說者不得作 작어기심作於其心 해어기사害於其事 작어기사作於其事 해어기정害於其政 성인복기聖人復起 불역오언의不易吾言矣

_《맹자》〈등문공하滕文公下〉 편

이 문장은 고등학교 교과서에 오랫동안 수록돼 있는데, 각 문장마다 주석과 해석이 있다. 그런데 안타깝게도 학교에서는 고전을 현대어로 풀이하는 선에서 끝나버린다. 이 문장에 대한 고민은 아래 몇 문항에 지나지 않는다.

- 양주가 자신만을 위한 것이 왜 임금이 없는 결과를 초래했을까? 묵적이 겸애를 주장한 것이 왜 아비가 없는 결과를 초래했을까?
- "아비가 없고 임금이 없는 것은 금수다"라는 말이 가리키는 것은 양주와 묵적일까, 아니면 일반 백성일까?
- 이 글은 양주와 묵적 사상의 폐해를 토론하는 내용을 담고 있다. 그런데 공명의가 "푸줏간에는 살코기가 있고 마구간에는 살찐 말이 있거늘, 백성들이 주린 기색이 있고 들에는 굶어 죽은 시체가 있다면, 이는 짐승을 거느리고 와서 사람을 잡아먹는 것이다"라고 한 말을 인용한 이유는 무엇일까? 이 문장과 위의 글 전체에는 어떤 연관성이 있을까?
- "양묵의 도가 쉬지 않으면 공자의 도가 나타나지 못할 것"이라고 했는데 "짐승을 거느리고 사람을 잡아먹게 하다가 나중에는 사람이 서로 잡아먹는" 상황이 초래된 이유는 무엇일까? "짐승을 거느리고 사람을 잡아먹게 하다가 나중에는 사람이 서로 잡아먹게 될 것이다"라는 내용은 비유일까, 현실의 반영일까?
- "간사한 말이 마음에서 일어나면 그 일을 해치며, 그 일에서 일어나게 되면 정사를 해칠 것이니"에서 맹자는 천하대란天下大亂에 대해 어떻

게 생각하는가? 맹자는 이 문장 서두의 "내가 어찌 변론을 좋아하겠는가予豈好辯哉"에 어떻게 반응했을까?

위의 문제는 사소해 보이지만 막상 대답하려면 쉽지 않다. 우리가 문장을 제대로 이해하지 못했기 때문이다. 제대로 이해하지 못하면서 맹자의 사상을 확실히 안다고 자신 있게 말할 수 있을까?

한 문장 한 문장을 꼼꼼히 읽으며 고전의 숨은 의미까지 깊게 파고들었을 때 나의 궁금증을 해소하는 데 도움을 주는 책은 어디에도 없었다. 그래서 나는 혼자만의 여정을 시작할 수밖에 없었다. 살면서 최대한 다양한 경험을 하고 비판 능력을 키워야 고전에 담긴 궁금증에 답할 수 있었다.

고전을 공부하면서 내가 가장 크게 기대했던 부분은 언어와 시간과 공간의 한계를 뛰어넘어 여러 철학자들과 소통하고, 그들과 같은 눈높이에서 인류의 영원한 과제를 탐색하는 것이었다.

이러한 시간을 보내는 와중에, 나는 공부의 필요성을 절감하고 개인적 선호도를 고려해 《논어》, 《맹자》, 《노자》, 《장자》 네 권을 익히는 데 가장 많은 노력을 기울였다. 그중에서도 《장자》는 내게 특별한 의미가 있다. 공자, 맹자, 노자는 3대 철학자이며 나의 스승과 같다. 이들은 주로 정치에 관심을 기울였고 정치를 통해 인류가 처한 상황을 변화시키고자 했다.

나처럼 평범한 사람은 그들을 경외하는 마음으로 바라볼 뿐 그들의 가르침대로 실천하기는 어렵다. 그러나 장자는 마치 내 친구와 같아서 앞의 세 사람과는 달랐다. 《장자》에서 주장하는 가치는 대부분 나의 삶에 투영되는 것이었다. 살아가면서 힘든 순간이나 어려운 문제가 생길 때마다 내 곁에는 《장자》가 있었다. 그러다 보니 나에게 《장자》는 마치 나를 잘 이해해주는 오랜 친구 같은 존재가 되었고, 점점 친근감과 호감을 느끼게 되었다.

그래서인지 출판사로부터 나만의 방식으로 고전을 해석해보자는 제안을 받았을 때 가장 먼저 떠오른 책도 《장자》였다. 읽고 해석하는 과정에서 마치 내 삶의 어려움을 해결해주는 듯한 희열과 떨림을 주었던 고전은 《장자》가 유일했기 때문이다.

물론 세상에는 이미 수많은 《장자》 번역본과 관련 도서가 출간돼 있고, 유명한 작가와 권위 있는 학자들의 해설집도 많이 있다. 하지만 이 책을 통해 독자들이 장자의 또 다른 면모를 발견하게 되기를 진심으로 바란다.

몇 가지 말하고 싶은 것이 있다. 첫째, 나는 이 책을 일부러 학술적으로 쓰지 않으려고 노력했다. 가령 《장자》는 도가를 엮은 책으로 알려져 있어서 사람들은 《장자》를 논한다고 하면 대부분 도론道論을 떠올린다. 그래서 많은 책들이 《장자》 중에서도 '도'와 관련된 단락만 떼어내 장자가 도를 어떻게 이해했는지 살피고, 현실에서 도를 어떻게 실천했는지 설명하는 데 주력한다. 이건 전형적인 학술서 저술 방식이지만 정작《장자》를 이해하는 데는 별 도움이 되지 않는다. 왜냐하면 장자 사상에서 도가 가장 중요한 개념이 아니기 때문이다.

따라서 나는 도에 대한 언급은 최소화하고 장자가 가장 관심을 가졌던 인생의 문제를 집중적으로 살폈다. 대신 이와 관련된 부분이 나올 때만 맥락에 따라 약간씩 해석을 덧붙였다.

둘째, 내가 확실하게 경험한 내용이 아니면 함부로 쓰지 않았다. 《장자》는 매우 방대한 집단 저작물로, 각 장과 편은 저마다 다양한 주제를 다루고 있다. 일부 비슷한 주제나 사상을 하나의 체계로 파고들지도 않는다. 따라서 처음부터 끝까지 한 편씩 순서대로 다루는 것이 불가능했다.

나는 핵심 단락을 선택해 분석하는 식으로 장자 사상의 면면을 살펴보았다. 개인적인 삶을 통해 깨달음을 얻고 검증할 수 있다고 판단한 부분만 선택해 독자들이 장자를 생생하게 느끼게 하고 싶었다. 또한 장자가 인생의 많은 난제를 어떻게 극복하고 우주와 교류하는 경지에 이르렀는지 함께 살펴보고 싶었다.

셋째, 나는 고등학교 국어교사로서 교육의 의미도 담고자 했다. 교육의 가치는 어려운 내용을 알기 쉽고 논리적인 언어로 전달해 많은 학생에게 이해시키는 데 있다. 나 또한 이 책이 그런 수준에 도달하기를 바라는 마음으로 최대한 전문성을 발휘했다.

몇 번이고 심사숙고하며 고전을 번역했다. 원문에 충실하되 독자들이 오늘날의 언어로 장자와 대화를 나눌 수 있기를 바랐다. 나의《장자》해석이 학생들이나 교사들에게 시사점을 던져주고, 그들이 '나도《장자》의 사상을 구체적으로 이해할 수 있구나' 하고 자신감을 갖게 되기를 바랐다. 젊은이들이 이 책을 계기로 자신의 인생을 돌아본다면 나로서는 더없이 기쁠 거라 생각했다. 그래서《장자》해석 외에도 별도의 부록을 실었다. 총 네 편인 부록은 모두 대만의 고등학교 국어 과정과 관련이 있다.

첫 번째 부록은 유악劉鶚의《노잔유기老殘遊記》〈자서自序〉편이다.《노잔유기》중에서도 대명호大明湖와 명호거청서明湖居聽書는 청소년들이 반드시 읽어야 하는 문장이다. 하지만 이 두 편의 문장만 읽어서는 유악이 사실은 지극히 침통한 심정으로《노잔유기》를 썼다는 사실을 알기 어렵다. 유악은〈자서〉를 통해 굴원屈原, 장자, 사마천, 두보, 이욱, 왕실보王實甫, 조설근曹雪芹이 모두 '울음으로 책을 엮은' 대표적 인물이라고 주장했다.《노잔유기》도 당연히 유악이 '울음으로 엮은 책'이다.

장자는 '무심무정'의 인생관을 주장했는데, 이 사실만 놓고 본다면 장자는 세상에서 가장 감정이 없는 사람이어야 한다. 그런데 왜 유악은《장자》를 몽수의 울음이라고 묘사했을까?〈자서〉를 읽어보면 자연스레 이런 생각을 하게 될 것이다.

사실 이들은 겉으로는 만사에 무심해 보이지만 실제로는 정이 많은 사람들이다. 문장의 행간에서 울음의 흔적을 찾아야 이들의 작품에 담긴 의미를 비로소 이해할 수 있다.

두 번째 부록은 유종원柳宗元의 《시득서산연유기始得西山宴遊記》를 분석한 글이고, 세 번째 부록은 소식의 《전적벽부》를 분석한 글이다. 두 편 모두 고등학교 필독 문장인데, 두 사람 모두 인생에서 가장 고통스럽고 시련이 많았던 시기에 이 글을 썼다.

놀랍게도 두 작가는 모두 삶의 마지막 순간에 《장자》를 통해 안식을 얻는 방법을 깨달았다. 결국 《장자》를 이해하지 못하면 이 두 편에 담긴 뜻을 완전히 이해할 수 없다. 동시에 유종원과 소식이라는 위대한 작가의 경험이 《장자》 사상을 통해 삶에서 어떻게 실제로 반영되는지를 독자들에게 소개하고 싶다.

마지막 부록은 왕희지王羲之의 《난정집서蘭亭集序》에 대한 분석으로, 역시 《장자》 사상을 기반으로 이 작품을 재해석했다. 이 작품과 앞의 두 작품이 다른 점은 왕희지가 장자와 반대되는 가치관을 가지고 있었다는 것이다.

그는 장자가 주장하는 인생관에 동의하지 않았다. 장자와 왕희지는 모두 인생의 가장 심오한 문제인 생과 사, 그리고 인생의 덧없음을 다루었지만 왕희지는 장자와 전혀 다른 방법으로 삶의 안식을 찾았다. 따라서 이 책의 마지막을《난정집서》로 마무리하는 것이 매우 적절하다고 생각했다.

내가 이 책을 쓴 것은《장자》의 메시지를 쉽게 전하기 위해서이지만 우리 모두의 인생이 장자와 같을 필요는 없으며, 당신은 얼마든지 다른 삶을 살 수 있다는 점을 잊지 말기를 바란다.

이 책을 무사히 출간할 수 있게 허락해준 하늘에 감사한다. 우주가 허락하지 않았다면 염세철학가라는 페이스북 페이지가 어떻게 이토록 대중의 사랑을 받을 수 있었을까?

책을 함께 만들어준 출판사 편집부에도 감사한다. 편집부의 격려와 포용, 독려가 있었기에 이것저것 따지기 좋아하고 미루기 일쑤인 내가 무사히 원고를 쓸 수 있었다. 함께 토론하고 연구한 선배와 친구들, 특히 부모님과 린리전林麗真 선생님과 류창룽劉滄龍 선생님께 감사드린다.

이들 외에도 다양한 곳에서 나와 함께하며 나를 이끌어준 인생의 수많은 인연에 감사한다. 내가 인생의 이치를 깨닫지 못했다면 결코 이 책을 쓸 수 없었을 것이다. 마지막으로 지금 이 책을 읽고 있을 당신에게 감사를 전한다.

염세철학가

부록 1

울음은 인생의 시작이자 마지막이다

유악의 '울음으로 책을 엮는' 설

갓난아이는 세상에 태어날 때 울음을 터뜨리며, 사람이 늙어서 세상을 떠나면 가족들이 그를 둘러싸고 통곡한다. 울음은 한 사람의 탄생과 사망이라는 두 가지 큰 사건을 알리는 데 쓰이는 셈이다. 한 사람의 인품이 얼마나 높고 낮은가는 그 사람을 위해 울어주는 사람이 얼마나 많은지로도 가늠할 수 있다. 울음은 영성의 표현으로, 영성이 있으면 울음이 있게 마련이며 이는 그 사람의 처지가 좋고 나쁜 것과는 관계가 없다.

영아타지嬰兒墮地 기읍야고고其泣也呱呱 급기노사及其老死 가인환요家人環繞 가곡야호도其哭也號啕 연즉곡읍야자然則哭泣也者 고인지소이성시성종야固人之所以成始成終也 기간인품지고하其間人品之高下 이기곡읍지다과위형以其哭泣之多寡爲衡 개곡읍자蓋哭泣者 영성지현상야靈性之現象也 유일분영성즉유일분지곡읍有一分靈性即有

一分之哭泣 이제우지순역불여언而際遇之順逆不與焉

소와 말은 평생 부지런히 일하지만 먹는 것은 기껏해야 여물이고 사람들의 채찍을 맞으며 고단하게 살아간다. 그러나 소와 말은 울지 않는데, 이는 영성이 없기 때문이다. 원숭이 같은 동물은 산을 자주 뛰어다니며 밤이나 배와 같은 과실을 배불리 먹고 즐겁게 살지만 울부짖는 듯한 괴성을 자주 지른다. 괴성은 원숭이의 울음이다. 학자들은 원숭이가 동물 중에서도 인간과 가장 가깝다고 주장하는데, 이는 그들이 영성을 지녔기 때문이다. 옛 시 중에 "파촉 동쪽 삼협에는 무산협곡이 긴데, 원숭이 울음소리에 눈물 옷깃 적시네"라는 구절이 있다. 원숭이의 감정이 얼마나 풍부한지 알 수 있다.

마여우馬與牛 종세근고終歲勤苦 식불과추말食不過芻秣 여편책상시종與鞭策相始終 가위신고의可謂辛苦矣 연부지곡읍然不知哭泣 영성결야靈性缺也 원후지위물猿猴之爲物 도척어심림跳擲於深林 염포호리율饜飽乎梨栗 지일락야至逸樂也 이선제而善啼 제자啼者 원후지곡읍야猿猴之哭泣也 고박물가운故博物家雲 원후猿猴 동물중최근인자動物中最近人者 이기유영성야以其有靈性也 고시운古詩雲 파동삼협무협장巴東三峽巫峽長 원제삼성단인장猿啼三聲斷人腸 기감정위하여의其感情爲何如矣

영성은 감정을 낳고 감정은 울음을 낳는다. 울음은 두 가지로 나눌 수 있다. 하나는 힘이 있는 울음이며, 하나는 무력한 울음이다. 순진무구한 어린아이는 과일을 빼앗겼다고 울고 비녀를 잃어버렸다고 운다. 이는 무력한 울음이다. 울음으로 성곽을 무너뜨린 기량 아내의 울음, 눈물로 대나무를 물들인 상비의 울음은 힘이 있는 울음이다. 힘이 있는 울음은 두 가지로 나눌 수 있다. 하나는 울음을 위한 울음으로, 역량이 약한 편이다. 다른 하나는 울지 않기 위한 울음으로, 역량은 매우 강하며 더욱 심오하게 작용한다.

영성생감정靈性生感情 감정생곡읍感情生哭泣 곡읍계유량류哭泣計有兩類 일위유력류一爲有力類 일위무력류一爲無力類 치아태녀癡兒呆女 실과즉제失果則啼 유잠역읍遺簪亦泣 차위무력루지곡읍此爲無力淚之哭泣 성출기부지곡城出杞婦之哭 죽염상비지루竹染湘妃之淚 차유력류지곡읍야此有力類之哭泣也 유력류지곡읍분량종有力類之哭泣分兩種 이곡읍위곡읍자以哭泣爲哭泣者 기력상약其力尚弱 불이곡읍위곡읍자不以哭泣爲哭泣者 기력심경其力甚勁 기행내미원야其行乃彌遠也

《이소》는 대부 굴원의 울음이고 《장자》는 몽수 장주의 울음이며, 《사기》는 태사공 사마천의 울음이요, 《초당시집》은 두공부 두보의 울음이다. 이후주 이욱은 글로 울었고 팔대산인 주탑은 그림으로 울었다. 왕실보는 《서상기》를 통해 울었고, 조설근은 《홍루몽》을 통해 울었다.

왕실보는 《서상기》에 이렇게 썼다. “이별의 슬픔과 한이 폐부에 가득한데 털어놓기가 어렵다. 종이와 붓으로 그것을 대신한다. 종이와 붓으로 목과 혀를 대신하지 않으면 나의 천 가지 상념을 누구에게 하소연하겠는가?”

조설근은 《홍루몽》에 이렇게 썼다. “이야기는 모두 허튼소리 같지만 피눈물로 쓴 것인데 다들 글쓴이를 미쳤다고 하니 그 안에 담긴 의미를 누가 알겠는가?" 소설에서 그는 차의 이름을 '천방일굴'이라 짓고 술을 '만염동배'라고 불렀다. 이는 천방일곡과 만염동비의 중의적 의미를 표현한 것으로, 작품 속 여자들의 비참한 결말을 의미하는 것이 아니겠는가?

이소離騷 지굴대부지곡읍之屈大夫之哭泣 장자莊子 위몽수지곡읍爲蒙叟之哭泣 사기史記 위태사공지곡읍爲太史公之哭泣 초당시집草堂詩集 위두공부지곡읍爲杜工部之哭泣 이후주위사곡李後主爲詞哭 팔대산인이화곡八大山人以畫哭 왕실보기곡읍어王實甫寄哭泣於 서상西廂 조설근기곡읍어曹雪芹寄哭泣於 홍루몽紅樓夢 왕지언왈王之言曰 별한이수別恨離愁 만폐부滿肺腑 난도설難陶泄 제지필除紙筆 대후설代喉舌 아천종상사향수설我千種相思向誰說 조지언왈曹之言曰 만지황당언滿紙荒唐言 일파신산루一把辛酸淚 도운작자치都雲作者癡 수해기중미誰解其中味 명기다왈名其茶曰 천방일굴千芳一窟 명기주왈名其酒曰 만염동배자萬豔同杯者 천방일곡千芳一哭 만염동비야萬豔同悲也

우리는 지금 이런 시대를 살고 있다. 어떤 사람의 처지에서 비롯되는 감정은 대상과 국가가 있는 감정이자, 사회에 대한 감정이다. 또한 민족, 종교에 대한 감정이다. 이 감정이 깊을수록 울음은 더욱 비통하다. 이것이 바로 나 홍도백련생◆이 《노잔유기》를 쓴 이유이다.

오인생금지시吾人生今之時 유신세지감정有身世之感情 유가국지감정有家國之感情 유

◆ 유악의 필명-옮긴이

사회지감정有社會之感情 유종교지감정有種教之感情 기감정유심자其感情愈深者 기곡읍유통其哭泣愈痛 차홍도백련생소이유노잔유기지작야此鴻都百煉生所以有老殘遊記之作也

시국은 이미 처참하게 무너지고 우리도 곧 늙어 죽을 것이니, 울지 않을 수 있는가? 나는 국내의 천방과 세상의 만염 가운데 나와 함께 울고 슬퍼할 사람이 반드시 있을 것임을 안다.

기국이잔棋局已殘 오인이로吾人已老 욕불곡읍야득호欲不哭泣也得乎 오지해내천방吾之海內千芳 인간만염人間萬豔 필유여오동곡동비자언必有與吾同哭同悲者焉

_《노잔유기》〈자서〉 편

우리는 왜 우는 것일까?

나는 학생들에게 《노잔유기》는 읽지 않더라도 유악의 《자서》는 반드시 읽어보라고 권한다. 《자서》는 매우 감동적이고 훌륭한 글이어서 진심으로 독자들과 공유하고 싶다.

유악은 서두에서 '인간은 왜 울까?'라는 철학적인 질문을 던진다. 그걸 질문이라고 하느냐고 생각할 수도 있다. '당연히 아프고 괴로우니까 울지.' 그런데 대다수에게는 지극히 평범한 상식이 유악에게는 사변의 출발점이었다.

> 갓난아이는 세상에 태어날 때 울음을 터뜨리며, 사람이 늙어서 세상을 떠나면 가족들이 그를 둘러싸고 통곡한다. 울음은 한 사람의 탄생과 사망이라는 두 가지 큰 사건을 알리는 데 쓰이는 셈이다.

유악은 울음이 생명의 시작이자 마지막이라고 말했다. 갓난아이가 태어나면 반드시 울음을 터뜨린다. 새로운 생명이 태어날 때마다 사람들은 기뻐하며 축하해준다. 그러나 우리는 갓난아이의 관점에서, 아이가 어쩌면 태어나기 싫었을 수도 있다는 생각은 하지 않는다. 아기가 그토록 힘들게 우는 이유는 어쩌면 세상에 태어나기 두렵다는 의사표현은 아닐까? 사람으로 태어난다는 것은 처음부터 울음을 터뜨릴 만한 일인지도 모른다.

이렇게 태어나 온갖 고생을 참고 견디며 열심히 살다가, 마침내 파란만장한 생을 마감하고 드디어 세상에서 벗어날 수 있게 되었다. 그런데 뜻밖에도 가족들은 대성통곡한다.

"이렇게 먼저 가버리시다니", "우리를 두고 이렇게 가십니까?" 가족들이 슬프게 우는 소리를 들으면서 '사람이 죽으면 왜 반드시 울어야 하는지' 생각해본 적은 없는가? 인생이 이토록 고통스러운데 죽음으로 이 고통에서 벗어나게 된 것을 기뻐하고 축복할 수는 없나?

나는 가족들이 망자의 죽음을 슬퍼하는 것은 서로 기대며 위로를 주고받던 사람을 잃은 상실감 때문이라고 생각한다. 남은 사람은 잔혹한 세상을 홀로 맞닥뜨려야 하니 그 사실을 받아들이기가 힘들고, 그래서 그토록 상심하여 우는 것이 아닐까.

그런데 만약 울음이 생명의 시작이자 마지막이어서 태어날 때와 세상을 떠날 때 모두 우는 것이라면, 인생은 본래 크게 울어야 하는 비극이라고 볼 수 있지 않을까?

•

눈물은 어디에서 올까?

한 사람의 인품이 얼마나 높고 낮은가는 그 사람을 위해 울어주는 사람이 얼마나 많은지로 가늠할 수 있다. 울음은 영성의 표현으로, 영성이 있으면 울음이 있게 마련이며 이는 그 사람의 처지가 좋고 나쁜 것과는 관계가 없다.

유악은 이어서 더욱 심오한 문제를 던진다. 사람이 우는 것은 자연스러운 현상이다. 그렇다면 울게 되는 근본 원인은 과연 무엇일까? 슬픈 일이 있을 때 운다고 대답할 수도 있지만, 유악은 이런 의견에 동의하지 않았다.

인생을 살다보면 어려운 상황에 처할 때도 있고 고통스럽고 슬픈 일을 당할 때도 있다. 그럴 때 마음이 약해서 작은 일에도 괴로워하며 눈물을 흘리는 사람이 있는가 하면, 웬만한 일에는 눈물 한 방울 흘리지 않는 사람도 있다. 여기서는 눈물을 억지로 참는 상황은 제외하겠다.

겉으로 보기에는 고통스러운 상황에 직면했을 때 우는 것처럼 보인다. 그러나 살면서 겪는 많은 고통은 외부에 있으며 우연히 발생하는 것에 지나지 않는다. 고통이 반드시 울음을 유발하는 것도 아니다. 유악은 우리의 내면이 영성으로 충만할 때 충분한 감지 능력을 바탕으로 외부에 반응한다고 주장했다. 다시 말해 누구나 가지고 있는 영성에서 눈물이 비롯된다는 것이다.

영성이란 무엇일까? 영성은 선천적으로 타고나는, 특별히 발달된 직감을 말한다. 흔히 인간을 만물의 영장이라고 한다. 인간과 동물의 가장 큰 차이 중 하나는 인간에게는 영성이 있다는 것이다. 유악은 감정이 풍부하고 민감한 사람일수록 영성이 풍부하고, 상대적으로 둔한 사람의 영성 수준은 낮다고 주장한다. 영성이 낮은 사람은 사실 짐승과 크게 다를 것이 없다. 결과적으로, 눈물의 양으로 한 사람의 영성 수준을 가늠할 수 있다는 것이다.

이 세상에서 '민감한 사람'이 되기란 너무 힘든 일이다. 민감한 사람은 외부 자극에 휩쓸리기 쉽고 상처도 쉽게 받는다. 그러나 남들보다 좀 더 고통스럽게 살면서 염세적인 사람이 될지언정 심장도 영성도 없이 타인과 세상에 무감한 짐승이 되지는 말아야 한다.

●

상처가 심할수록 크게 운다

그렇다면 영성은 왜 필연적으로 울음을 초래할까? 이에 대해 유악은 영성이 감정을 만들고 감정이 울음을 불러온다고 말했다.

영성이 뛰어나고 민감한 사람은 외부 자극에 쉽게 감정을 느끼고 남들보다 강한 자극을 받는다. 어떤 외부 사건에 마음이 끌렸다면, 그 사람의 영혼은 사건이 어떻게 흘러가느냐의 영향을 받으면서 때로는 갈기갈기 찢긴 듯한 고통을 느낀다. 이것을 상흔傷痕이라고 한다. 영혼에 상처가 났는데 소리 내어 울지 않을 수 있을까?

> 울음은 두 가지로 나눌 수 있다. 하나는 힘이 있는 울음이며, 하나는 무력한 울음이다. 순진무구한 어린아이는 과일을 빼앗겼다고 울고 비녀를 잃어버렸다고 운다. 이는 무력한 울음이다.

어린아이는 심지 능력이 충분히 발달하지 않아서 장난감이나 먹을 것을 빼앗기면 울음을 터뜨린다. 그러나 이 정도로는 심각한 상처를 받지 않는다. 그렇다면 무엇이 심각한 상처일까?

울음으로 성곽을 무너뜨린 기량 아내의 울음, 눈물로 대나무를 물들였다는 상비의 울음은 힘이 있는 울음이다.

사랑하는 사람을 잃은 적이 있는가? 나는 그 고통을 구체적으로 묘사할 수가 없다. 그저 영혼이 강제로 반으로 갈라지는 느낌이라고 말할 수밖에 없다. 게다가 갈라진 부분은 죽을 때까지 메울 수 없어서 평생 상처를 안고 살아갈 수밖에 없다.

맹강녀孟薑女의 이야기를 들어본 적이 있는가? 맹강녀의 남편이 만리장성 건설에 동원되었다가 사고로 세상을 떠나자, 맹강녀의 울음소리가 만리장성을 무너뜨렸으며 한 방울 한 방울의 눈물이 씻을 수 없는 상흔으로 남았다는 이야기이다.

맹강녀와 상비는 모두 연약한 여성이다. 이들이 어떻게 외부 세계를 뒤흔드는 역량을 가졌을까? 아픔이 있었기 때문이다. 어쩌면 당신의 내면에도 맹수가 잠들어 있을 수 있다. 외부의 어떤 자극이 당신 내면의 아픈 곳을 강하게 건드리는 순간, 맹수가 깨어나 갑자기 튀어나올 수 있다. 당신이 아무리 이성적인 사람이라도 이때는 맹수를 제지할 수 없다.

이처럼 영혼의 힘은 지극히 강하다. 사랑하는 사람을 잃은 아픔은 맹강녀와 상비의 영혼 깊은 곳에 숨어 있던 역량을 촉발시켰고 결국 이들의 울음은 세상을 뒤흔들었다. 이토록 강력한 기세 앞에서는 만리장성도 버티기 어렵다.

●

시공을 초월하여 사람의 마음을 흔드는 눈물

그러나 유악은 이런 역량은 충분하지 않다고 말한다. 맹강녀가 만리장성을 무너뜨릴 정도로 크게 울었는데 아직도 부족하다니 언뜻 이해가 되지 않는다. 과연 어떤 울음이 만리장성을 무너뜨린 것보다 큰 위력을 가질까?

> 힘이 있는 울음은 두 가지로 나눌 수 있다. 하나는 울음을 위한 울음으로, 역량이 약한 편이다. 다른 하나는 울지 않기 위한 울음으로, 역량은 매우 강하며 더욱 심오하게 작용한다.

유악은 맹강녀와 상비처럼 '직접' 우는 사람은 비록 역량은 강할지 몰라도 그 순간 그 자리에 있는 사물을 흔드는 데 그친다고 생각했다. 그에 비해 울음을 꾹 참고 눈물을 더 깊은 단계로 승화하는 사람들의 역량이야말로 진실로 강하다고 생각했다. 이 말은 무슨 의미일까?

문학작품은 시공을 초월해 오래도록 독자들의 마음을 움직이며, 심지어 세상을 변화시키기도 한다. 우리 역시 오랜 세월이 흘렀음에도《이소》를 읽으면서 굴원의 넘치는 정의감에 감동한다. 이런 점 또한 문학작품이 지닌 무한한 역량이라 할 수 있다.

《이소》는 대부 굴원의 울음이고《장자》는 몽수 장주의 울음이며,《사기》는 태사공 사마천의 울음이요,《초당시집》은 두공부 두보의 울음이다. 이후주 이욱은 글로 울었고 팔대산인 주탑은 그림으로 울었다. 왕실보는《서상기》를 통해 울었고 조설근은《홍루몽》을 통해 울었다.

굴원은 초나라가 멸망할 때, 장자는 난세에 사람들이 뿔뿔이 흩어지는 걸 목격했을 때 눈물을 흘렸다. 사마천은 궁형을 당한 굴욕을 참지 못해서, 두보는 '안사의 난' 때문에 울었다. 이욱은 남당이 패망해서, 주탑朱耷은 가문과 국가가 패망해서,◆ 왕실보는 사랑하는 사람을 잃어서 울었고 조설근은 하늘을 기울 재료가 없어서 울었다.

그들이 운 것은 자신이 의존하던 대상을 잃었기 때문이다. 국가, 가정, 사랑하는 사람, 이상, 존엄 등이 한순간에 무너져내렸고, 이를 완전히 회복하기 어려웠던 것이다. 영혼에 이토록 큰 상처를 입었다면 울지 않을 수 없을 것이다.

그런데 이들은 울지 않았다. 이들은 눈물로 먹을 갈고 한 글자, 한 글자를 엮어 시와 곡을 썼으며, 한 획 한 획을 엮어 그림을 그렸다. 이

◆ 명나라 귀족으로 정신병에 걸릴 정도로 평생 고통에 시달렸다. 명나라가 망한 후 팔대산인八大山人으로 이름을 바꾸고 화조화花鳥畫와 산수화에 의지하며 나라와 가족을 잃은 아픔을 달랬다.

들은 자신의 눈물을 예술로 승화했고 결국 오늘날까지 우리에게 전해지고 있다.

당신이 이들의 글이나 그림을 보게 된다면, 책에 인쇄된 것이 단순한 잉크가 아니라 이들이 흘린 눈물이라는 사실을 기억하길 바란다.

•

문자가 결국 우리를 구원한다

그럼 이들이 엄청난 고통을 겪으면서도 울지 않았던 이유는 뭘까? 실컷 울고 나면 후련해질 수 있는데 무엇 때문에 억지로 눈물을 참고 예술로 고통을 승화시킨 걸까? 이게 다 무슨 소용이 있을까?

누군가 이런 질문을 한다면 나는 이렇게 답하겠다. 문자가 우리 같은 평범한 사람들을 구원하기 때문이라고. 글로 쓰는 것 외에 이 고통을 삭힐 다른 방법이 없기 때문이라고 말이다.

> 왕실보는《서상기》에 이렇게 썼다. "이별의 슬픔과 한이 폐부에 가득한데 털어놓기가 어렵다. 종이와 붓으로 그것을 대신한다. 종이와 붓으로 목과 혀를 대신하지 않으면 나의 천 가지 상념을 누구에게 하소연하겠는가?"

왕실보에게 《서상기》를 쓴 계기를 물으면 그는 이렇게 대답하지 않을까? "사랑하는 사람과 헤어진 고통이 폐부에 가득해 덜어낼 곳이 없다. 이를 말하지 않으면 더 큰 상처를 입을 것이 뻔하다. 설사 내가 말하더라도 들어줄 사람이 없다. 그러니 글로 표현해 독자들이 나의 심정을 알아주지 않으면 다른 방법이 없다."

조설근은 《홍루몽》에 이렇게 썼다. "이야기는 모두 허튼소리 같지만 피눈물로 쓴 것인데 다들 글쓴이를 미쳤다고 하니 그 안에 담긴 의미를 누가 알겠는가?" 소설에서 그는 차의 이름을 '천방일굴'이라 짓고 술을 '만염동배'라고 불렀다. 이는 천방일곡과 만염동비의 중의적 의미를 표현한 것으로, 작품 속 여자들의 비참한 결말을 의미하는 것이 아니겠는가?

조설근에게 《홍루몽》을 쓰게 된 계기를 물으면 그 또한 이렇게 대답하지 않을까? "나는 눈물을 참고 이런 황당무계한 이야기를 한 글자 한 글자 써내려갔다. 나의 고독한 처지를 아무도 이해할 수 없을 것이다. 그래서 사람들은 바보가 잠꼬대를 한다고 생각한다."

나라와 민족이 몰락할 위기에 빠진데다 가문도 기울었으니 조설근은 이미 침통한 심정일 것이다. 그런데 아무도 알아주지 않는 고독까지 더해졌으니 그 아픔을 글로 써서 해소하지 않으면 다른 치유 방법이 있을까? 그렇다. 고독한 사람이라면 누구나 동의할 것이다. 글은 우리가 스스로 상처를 치유하는 가장 좋은 방법이라는 것을.

> 그 문장이 과연 마음을 실어낼 수 있다면, 나의 마음은 의지할 곳이 있다.
>
> 문과재심文果載心 여심유기餘心有寄

실제로 당송의 문장가들이 문이재도文以載道(글로 성현의 도를 밝힌다)를 제창하기 전, 유협劉勰이 먼저 문이재심文以載心(글로 마음을 실어내다)을 제시했다. 글에 마음을 싣는 것이야말로 문학이 존재하는 진정한 의의인 것이다.

글에 어떻게 영혼을 맡길 수 있을까? 글을 쓸 때는 필연적으로 독자가 있다고 생각하게 된다. 나 역시 글을 쓰면서 상상 속의 독자에게 나의 이야기를 들려준다. 비록 현실에서는 혼자이고 아무도 내 말을 들어주지 않는다 해도, 글을 쓰는 순간만큼은 최소한 독자들이 나와 함께하는 것이다. 비록 상상이라도 이때만큼은 나의 고독한 심정을 조금은 어루만질 수 있다.

동화책에서는 주인공이 가장 절망적인 상황에 처했을 때 엄청난 조력자가 등장해 주인공을 도와준다. 그러나 우리 인생은 동화가 아니며, 절망적인 상황에 조력자가 나타날 가능성도 거의 없다. 아무도 나를 돕지 않는다면 스스로 자신을 구원하는 수밖에 없다. 위인들에게는 그 방법이 글을 쓰는 것이었다.

우리 함께 울자

유악은 많은 지면을 할애해 울음으로 책을 엮은 과정을 상세히 설명한다. 그는《노잔유기》가 자신이 흘린 수많은 눈물의 결정체라는 사실을 독자들에게 알리고 싶었던 것이다.

> 우리는 지금 이런 시대를 살고 있다. 어떤 사람의 처지에서 비롯되는 감정은 그 대상과 국가가 있는 감정으로, 사회에 대한 감정이 있다. 민족, 종교에 대한 감정이다. 이 감정이 깊을수록 울음은 더욱 비통하다. 이것이 바로 나 홍도백련생이《노잔유기》를 쓴 이유이다.

> 시국은 이미 처참하게 무너지고 우리도 곧 늙어 죽을 것이니, 울지 않을 수 있는가? 나는 국내의 천방과 세상의 만염 가운데 나와 함께 울고 슬퍼할 사람이 반드시 있을 것임을 안다.

유악은 청나라 말기 시대의 사람으로, 곧 나라가 망하고 민족과 종교가 사라질 위기에 처해 있었다. 세상을 등질 힘도 없었던 그가 우는 것 말고 달리 뭘 할 수 있었을까? 그 순간 유악이 할 수 있는 건 글로 자신의 비통한 심정을 토해내는 것뿐이지 않았을까? 그는 세상 어딘가에《노잔유기》를 읽고 자신과 함께 통곡해줄 사람이 있을 거라 믿었다. 그가 처한 상황이 그 당시 사람들이 보편적으로 처한 상황과 유사했기 때문이다. 유악은 어딘가에 자신과 함께 눈물을 흘려줄 사람이 있다고 생각하자 조금은 위로받을 수 있었다.

내가 이 책을 쓴 이유도 마찬가지이다. 지금 이 순간에도 나는 어떤 사람이 내 책을 읽을지 모른다. 그러나 나는 혼자가 아니며, 당신도 혼자가 아님을 안다. 나는 "당신이 웃으면 세상 어딘가에서 당신과 함께 웃어주는 사람을 찾을 수 있다"라고 말하고 싶다. 우주의 이치와 인생의 진면목을 이해하면 웃지 않을 사람이 없다. 나의 글로 당신의 상처받은 영혼이 조금이나마 위로받고, 당신이 혼자가 아니라는 사실을 알았으면 좋겠다.

산다는 것은 정말 힘든 일이다. 우리보다 수백, 수천 년 전에 먼저 살았던 성인들도 고독한 삶을 살았다. 이 책이 당신에게 또 하나의 위로가 되어주기를 바란다. 우리 함께 울자.

부록 2

겪어보아야 알 수 있는 아름다움이 있다

《장자》를 이해하고 다시 읽는 〈시득서산연유기〉

나는 죄인의 몸으로 이곳에 살면서 늘 두려움에 떨었다. 그래서 틈만 나면 발길 닿는 대로 돌아다녔다. 날마다 사람들과 산에 오르거나 깊은 숲으로 들어갔고, 계곡의 반대편 끝까지 가보았다. 깊은 샘과 기암괴석이 있는 곳은 아무리 멀어도 끝까지 가보았다.

그곳에 도착하면 풀을 헤치고 앉아 호리병을 기울여 술을 마시고, 취하면 서로를 베개 삼아 잠들었으며 꿈을 꾸었다. 마음에 극이 있으니 꿈에서도 그러했다. 술이 깨면 일어나 돌아왔다. 나는 영주의 기이한 산수를 다 돌아보았다고 생각했지만 서산의 기이함과 독특함은 모르고 있었다.

자여위륙인自餘爲僇人 거시주居是州 항췌율恒惴栗 기극야其隙也 즉시시이행則施施而行 만만이유漫漫而遊 일여기도상고산日與其徒上高山 입심림入深林 궁회계窮回溪 유천괴석幽泉怪石, 무원불도無遠不到 도즉피초이좌到則披草而坐 경호이취傾壺而醉 취즉갱상침이와醉則更相枕以臥 와이몽臥而夢 의유소극意有所極 몽역동취夢亦同趣 각이기覺而起 기이귀起而歸 이위범시주지산수유이태자以爲凡是州之山水有異態者, 개아유아皆我有也 이미시지서산지괴특而未始知西山之怪特

금년 9월 28일 법화사 서쪽 정자에 앉아 서산을 바라보다가 비로소 그 특출함을 보았다. 노복을 시켜 상강을 건넌 후 염계를 따라 걸으며, 무성하게 자란 덤불을 쳐내고 풀을 태우면서 정상까지 올라갔다. 나뭇가지를 붙들고 산에 올라 다리를 뻗고 편히 앉아 즐기니 여러 고을이 모두 내가 앉은 자리보다 아래에 있었다. 그 높고 낮은 형세가 불룩하게 올라온 둑 같기도 하고 움푹 들어간 동굴 같기도 했으며, 천리를 한 자 한 치 크기로 줄여놓은 것 같아서 알아볼 수 없다. 푸르름이 얽히고 흰 구름이 감긴 채 하늘에 닿아 있어 사방이 하나가 된 듯하다.

마침내 이 산이 다른 구릉이나 언덕과 다른 점을 알게 되었다. 산의 높이와 크기가 아득해 끝을 볼 수 없고, 넓은 천지에 조물주와 함께 노닐며 그 다함을 알 수 없다.

금년구월이십팔일今年九月二十八日 인좌법화서정因坐法華西亭 망서산望西山 시지이지始指異之 수명복인과상강遂命仆人過湘江 연염계緣染溪 작진망斫榛莽 분모패焚茅茷 궁산지고이지窮山之高而止 반원이등攀援而登 기거이오箕踞而遨 즉범수주지토양則凡數州之土壤 개재임석지하皆在衽席之下 기고하지세其高下之勢 하연와연岈然窪然 약질약혈若垤若穴 척촌천리尺寸千里 찬축누적攢蹙累積 막득둔은莫得遁隱 영청요백縈青

繚白 외여천제外與天際 사망여일四望如一 연후지시산지특출然後知是山之特出 불여배루위류不與培塿爲類 유유호여호기구悠悠乎與顥氣俱 이막득기애而莫得其涯. 양양호여조물자유洋洋乎與造物者遊 이불지기소궁而不知其所窮

잔에 술을 가득 부어 마시니 취하고 나면 해가 지는 줄도 몰랐다. 어슴푸레한 저녁 빛이 먼 곳에서 당도하니 아무것도 보이지 않고 돌아가고 싶은 마음도 들지 않는다. 마음이 한곳에 모이고 몸은 풀어져 천지만물과 한 몸이 되어버린 듯하다.

그런 후에야 내가 즐길 유람은 아직 시작하지도 않았음을 알았고 유람다운 유람은 이곳에서 시작될 것이기에 그 뜻을 글로 담는다. 이 해는 원화 4년이다.

인상만작引觴滿酌 퇴연취취頹然就醉 부지일지입不知日之入 창연모색蒼然暮色 자원이지自遠而至 지무소견至無所見 이유불욕귀而猶不欲歸 심응형석心凝形釋 여만화명합與萬化冥合 연후지오향지미시유然後知吾向之未始遊 유어시호시遊於是乎始 고위지문이지故爲之文以志 시세是歲 원화사년야元和四年也

_《시득서산연유기》

•

인생에서 가장 큰 두려움

유종원은 원래 중당中唐 시기의 정치 스타로 유명했다. 그런데 영정신정永貞新政이 실패하면서 하룻밤 사이에 모든 사람의 지탄을 받는 죄인이 되었다. 그는 지금까지 활동했던 도성을 떠나 영주로 유배되었는데, 당시 그의 주변 사람들은 이미 세상을 떠났거나 그와 관계를 끊었기에 자신을 걱정하는 사람이 얼마나 있는지 몰랐다. 그는 자신이 아예 완전히 잊히는 편이 낫겠다고 생각했다. 그러면 자신을 음해하거나 말썽을 피울 사람도 없을 거라 여겼다.

유종원은 "나는 죄인으로 이곳에 살면서 언제나 두려움에 떨었다"라고 말했다. 그는 무엇을 두려워했을까? 모함당하는 것? 아니면 더 먼 곳으로 쫓겨나는 것?

인생에서 가장 큰 두려움은 자신이 누구인지 모른다는 것이다. 유종원은 원래 사족士族 가문 출신으로 스물한 살에 진사에 올랐으며, 스물여섯에는 특유의 박학다식함으로 집현전정자集賢殿正字가 되었다. 그는 이 직함을 매우 자랑스러워해 친구에게 편지를 쓸 때도 이름 앞에 직함을 쓸 정도였다. 유종원은 서른이 넘어서는 자신과 같은 해에 진사가 되었던 유우석劉禹錫과 함께 감찰어사가 되었고, 같은 어사직에 있던 한유韓愈와도 교류했다. 세 사람은 함께 높은 명망을 누렸으며 영정혁신永貞革新 기간에는 유정원이 예부원외랑禮部員外郞으로 승진해 조서詔書와 상주문 등 중요한 사무를 담당했다.

당시 유종원은 당나라에서 아주 전도유망한 차세대 정치 스타였지만, 권력과 직위가 높아질수록 그의 오만함도 커져갔다. 그는 자신이 정계에서 점점 높은 자리를 차지하다가 언젠가 재상이 되어 천하를 다스림으로써 모든 사대부의 염원을 실현할 것이라고 믿었다. 그러나 이런 뜻을 품고 첫 걸음을 내딛는 순간 곧바로 추락한다. 그의 꿈은 산산조각 났고 다시는 만회할 수 없게 되었다.

유종원은 하루아침에 간신으로 낙인이 찍혀, 지금까지 누리던 영화는 온데간데없이 사라졌고 모든 사람의 지탄을 받으며 누추한 삶을 살아야 했다. 그와 교류하려던 사람들은 그를 피하느라 바빴으며, 심지어 그를 몰아내기도 했다. 과거에는 탄탄대로를 걸었으나 이제는 당장 어디로 쫓겨날지 모르는 신세가 된 것이다.

유종원에게 수도를 떠난다는 것은 정치에서 손을 뗀다는 의미였다. 그가 정치 무대에서 얼마나 존재감을 발휘했던가. 젊은 나이에 진사가 되어 집현전정자에 올랐으며, 감찰어사와 예부원외랑까지 됐던 유종원은 재상이 되기까지 딱 한 걸음을 남겨두고 한순간 몰락해버렸다. 그는 한직에 불과한 영주사마永州司馬가 되었다. 당나라 정국에서 완전히 배제되었으니 공직자라고 할 수도 없었다.

유종원의 입장에서 그의 심정을 짐작해보자. 죄인의 신분으로 낯선 곳에 살면서 늘 두려움에 시달린다. 어디로 가야 할지, 어떤 미래가 자신을 기다리는지도 모른다. 누가 나를 신뢰해줄지, 누가 나를 떠나갈지도 모른다. 내일은 또 어떤 신분으로 바뀔지, 앞으로 무엇을 더 잃을지도 모른다. 그렇다면 몹시 두려울 수밖에 없다. 지금까지 자신을 지켜주던 모든 부귀영화를 빼앗기고 텅 빈 황무지에 버려진 채 스스로의 힘만으로 살아가야 한다면, 어쩌면 사는 게 죽는 것보다 더 고통스러울지도 모른다.

•

고독으로부터의 도피

"틈만 나면 발길 닿는 대로 돌아다녔다. 날마다 사람들과 산에 오르거나 깊은 숲으로 들어갔고, 계곡의 반대편 끝까지 가보기도 했다. 깊은 샘과 기암괴석이 있는 곳은 아무리 멀어도 끝까지 가보았다."

미지의 느낌은 사람을 몹시 두렵고 불안하게 만든다. 아마 유종원은 이곳저곳을 돌아다니며 초조한 마음을 가라앉히려 했을지도 모르겠다. 마음속 불안감을 떨쳐버릴 수만 있다면 어디를 가도 상관이 없다. 그는 이곳저곳을 정처 없이 헤맸지만 마음 깊이 자리 잡은 두려움은 떨쳐버릴 수 없었으며 여전히 "마음에 극이 있기에 꿈에서도 그러하였다."

유종원은 고독을 두려워했던 것 같다. 고독을 피하기 위해 다른 사람들과 어울리며 대화를 나누거나 각종 연회에 드나들었다. 그러나 깊은 밤이 되면 여전히 외로웠을 것이다.

관건은 함께 어울리는 사람들의 좋고 나쁨, 그들과 함께 있을 때의 감정이 아니다. 고독을 피하려는 마음 자체가 틀린 것이다. 도피는 곧 저항이며, 저항은 고통을 더 가깝게 움켜쥐는 행위나 다름없다. 따라서 외부에서 만족을 추구할수록 내면의 고통과 상처는 더 심해진다. 우리 내면이 먼저 평정을 되찾지 않으면 외부를 향한 소구는 모두 부질없는 것이다.

유종원이 영주의 뛰어난 산수를 모두 다니고도 서산을 보지 못했던 이유가 바로 여기에 있다고 생각한다. 서산은 언제나 같은 자리에 있지만 마음이 편하지 않은 사람에게는 보이지 않는다. 유종원은 어느 날 '법화사 서쪽 정자에 앉아' 마음이 상대적으로 편안해졌을 때 '서산을 바라보다가 비로소 그 특출함을 알았다.' 그가 고개를 들어 서산을 바라보았을 때 마치 도연명이 말한 "동쪽 울 밑에서 국화를 꺾어 들고 멀리 남산을 바라보는◆"것처럼, 지극히 높은 동시성에 도달한 것이다.

◆ 채국동리하유연견남산采菊東籬下悠然見南山

비로소 발견한 아름다움

유종원은 서산에 오른 후 이전과는 완전히 다른 경치를 본다. "그 높고 낮은 형세가 불룩하게 올라온 둑 같기도 하고 움푹 들어간 동굴 같기도 했으며, 천리를 한 자 한 치 크기로 줄여놓은 것 같아서 알아볼 수 없다. 푸르름이 얽히고 흰 구름이 감긴 채 하늘에 닿아 있어 사방이 하나가 된 듯하다. 마침내 이 산이 다른 구릉이나 언덕과 다른 점을 알게 되었다."

여기서 생각할 부분이 있다. 서산이 그토록 특출나게 아름답다면 유종원이 왜 이전까지는 그 사실을 발견하지 못했을까? 그는 가장 높은 곳에 오르고서야 "비로소 그 특출함을 보았다." 서산의 특출함은 영주의 다른 산수와 무슨 차이가 있었을까?

그동안 유종원은 영주의 산수를 유람할 때 '깊은 샘과 기암괴석'을 찾았다는 점을 알아야 한다. 다시 말해서 그가 찾아다닌 것은 아름다운 경치 그 자체였다. 서산은 외부에서 보면 아름답지 않았던 것 같다. 심지어 높은 산도 아니었다. 그렇기에 유종원의 관심을 끌지 못한 것이다.

유종원은 서산의 가장 높은 봉우리에 오르고서야 비로소 서산의 진정한 아름다움은 서산 자체가 아니라 서산에서 내려다보는 경치에 있음을 알게 된다. 영주를 중심으로 주변의 고을이 한눈에 들어올 뿐 아니라 푸른 산과 흰 구름이 주변을 둘러싸고, 위로는 하늘과 연결이 되어 있으니 그 풍경이 마치 온 우주를 얻은 듯했다.

유종원이 서산 정상까지 올라가지 않았다면 이토록 아름다운 정경은 볼 수 없었을 것이며, 그랬다면 서산이 "다른 구릉이나 언덕과 다르다"는 사실도 몰랐을 것이다. 물론 다른 산도 아름답지만 서산은 평범한 산과는 전혀 다른 아름다움을 간직하고 있다. 서산 자체는 아름답다고 할 수 없지만 여러 자연과의 조화를 통해 하나의 '거대한 아름다움'을 형성했으니, 서산이 진실로 특출한 이유가 여기에 있다.

《장자》는 "천지는 빼어난 아름다움을 지녔으면서도 자랑하지 않는다"고 했다. 천지는 모든 만물을 수용해 하나의 거대한 아름다움으로 승화시킨다는 뜻이다. 서산이 여러 고을을 품어 하나의 절경을 만들어내는 것도 이와 같으며, 이때 서산은 비로소 하늘과 땅과 이어진다.

서산은 공간상으로나 시간상으로나 천지의 화신이며, 태고 때부터 모든 것을 무궁무진하게 수용해 만물의 귀착지가 되었다. 서산은 말없이 침묵을 지키고 자기를 내세우지 않으며 타인의 관심을 갈구하지도 않는다.

직접 겪어보아야 비로소 위대함을 알 수 있는 것들이 있다. 유종원은 자신이 어디에 있든 사실은 고향을 떠난 적이 없음을 알게 되었다. 그에게 진정한 고향은 곧 자연이고, 자연은 한결같이 자기 자리를 지키며 한 번도 그를 버리지 않았다.

> 어슴푸레한 저녁 빛이 먼 곳에서 당도하니 아무것도 보이지 않았고 돌아가고 싶은 마음도 들지 않는다. 마음이 한곳에 모이고 몸은 풀어져 천지만물과 한몸이 되어버린 듯하다.

유종원은 집에 돌아가고 싶지 않은 것이 아니라 집에 돌아가는 것을 잊었다고 봐야 할 것이다. 왜냐하면 지금 머물고 있는 곳이 그의 집이나 마찬가지였기 때문이다. 원문의 심의心凝는 '마음과 정신이 하나가 되었다'라고 해석하기보다 '마음이 머무를 곳을 찾았다'로 해석해야 한다. 더 이상 세상을 떠돌지 않고 현재에 정착해 지금 이곳에서 편안하게 지내겠다는 의미이다.

'형태가 흩어진다'는 것은 울타리에서 벗어나 진정한 자유를 되찾는다는 뜻이다. 그는 더 이상 외부에 속할 필요가 없어졌으며, 특정한 역할을 연기하면서 타인의 인정을 받을 필요도 없어졌다. 아무것도 가진 것이 없는데 잃을 것을 걱정하며 불안해할 필요가 어디 있겠는가?

그는 이제 수도에도, 영주에도 연연하지 않는다. 심지어 그는 자신의 신분에서도 자유롭다. 자연에서 와서 본성대로 살다가, 죽어서는 다시 자연으로 돌아간다. 마치 서산의 낮과 밤처럼 끊임없이 순환하는 것이다.

짧은 인생을 살면서 무엇 때문에 세상에 그렇게 집착하는가? 몸과 마음을 자연의 섭리에 맡기고 자연과 한몸이 되어 지내면 그것으로 충분하다. "마음이 한 곳에 모이고 몸은 풀어지니 천지만물과 하나가 된 듯하다." 유종원이 처음 가졌던 두려움은 이렇게 사라져버렸다.

•

여행의 의의

그런 후에야 내가 즐길 유람은 아직 시작하지도 않았음을 알았고 유람다운 유람은 이곳에서 시작될 것이다.

끝으로 유종원은 자신이 지금까지 진정한 여행을 해보지 않았다고 밝힌다. 그는 서산에 오르고 나서야 여행의 진정한 의미가 돌아갈 곳을 찾는 과정이라는 사실을 깨닫고, 그동안 했던 여행은 그저 마음의 유랑이었음을 인정한다.

자연의 입장에서 보면 진정한 여행자는 그저 특정 장소를 지나가는 사람이 아니라 자연을 진정한 터전으로 여기는 사람이다. 세상 어디에도 우리가 쉬지 못할 곳은 없으며, 우리는 한 번도 진정한 여행을 떠나본 적이 없다. 지금까지는 단지 우리의 마음이 이곳저곳을 떠돌았던 것뿐이다.

이렇게 새로운 깨달음을 안고 유종원은 마음의 귀착지를 찾는 진정한 여행을 시작한다.◆

◆《영주팔기永州八記》의 모든 글은 장자 사상으로 독해할 수 있는 것이 아니다. 이 시기에 유종원의 사상이 끊임없이 변화했기 때문에 마지막 편인 〈소석성산기小石城山記〉에서 유종원은 조물주의 사상에 의혹을 제기하는데, 이는 〈시득서산연유기〉의 '넓은 천지에 조물주와 함께 노닐며'와는 상충된다. 〈소석성산기〉의 감정 기조도 깊은 우울감으로 바뀌어서 〈시득서산연유기〉에서의 활달한 모습을 볼 수 없다.

부록 3

우리는 그저 누리기만 하면 된다

《장자》 사상으로 다시 읽는 소식의 《전적벽부》

임술년 가을 7월 16일, 소동파가 적벽강 아래에 손님과 배를 띄우고 노닐었다. 바람이 솔솔 불어오고 물결은 일지 않았다. 술잔을 들어 손님에게 권하고 명월의 시를 읊고 요조의 장을 노래했다. 이윽고 달이 동산 위로 떠올라 두성과 우성 사이를 배회하니 백로가 강을 가로지르고 물빛이 하늘에 닿았다. 조각배가 가는 대로 아득한 물결을 타고 가니 마치 허공에 의지해 바람을 타고 가는 듯 광활해 멈출 곳을 몰랐다. 표연히 세속을 떠나 날개가 돋아 신선의 경지에 이르는 듯했다.

임술지추壬戌之秋 칠월기망七月既望 소자여객범주유어적벽지하蘇子與客泛舟遊於赤壁之下 청풍서래淸風徐來 수파불흥水波不興 거주속객擧酒屬客 송명월지시誦明月之詩 가요조지장歌窈窕之章 소언少焉 월출어동산지상月出於東山之上 배회어두우지간徘徊於鬥牛之間 백로횡강白露橫江 수광접천水光接天 종일위지소여縱一葦之所如 능만경지망연淩萬頃之茫然 호호호여풍허어풍浩浩乎如馮虛禦風 이불지기소지而不知其所止 표표호여유세독립飄飄乎如遺世獨立 우화이등선羽化而登仙

이에 즐겁게 술을 마시고 뱃전을 두드리며 노래를 불렀다. 노래에 이르기를 "계수나무 노와 모란 상앗대여, 물에 비치는 달그림자를 치며 강물을 거슬러 올라가노라. 아득하구나, 나의 그리움이여! 하늘 끝 미인을 바라본다." 손님 중에 퉁소를 부는 사람이 있어 노래로 화답했다. 그 노래는 처연하여 원망하는 듯, 사모하는 듯, 훌쩍이며 우는 듯, 하소연하는 듯하고 여운은 가늘게 이어지며 실처럼 끊이지 않았다. 그윽한 골짜기의 교룡이 춤을 추고 외로운 배의 과부가 눈물지었다.

어시음주락심於是飮酒樂甚 구현이가지扣舷而歌之 가왈歌曰 계도혜란장桂棹兮蘭槳 격공명혜소류광擊空明兮溯流光 묘묘혜여부渺渺兮予懷 망미인혜천일방望美人兮天一方 객유취동소자客有吹洞簫者 의가이화지倚歌而和之 기성오오연其聲嗚嗚然 여원여모如怨如慕 여읍여소如泣如訴 여음뇨뇨餘音嫋嫋 불절여루不絕如縷 무유학지잠교舞幽壑之潛蛟 읍고주지리부泣孤舟之嫠婦

소동파가 숙연히 옷깃을 여미고 무릎을 꿇고 앉아 손님에게 물었다.
"어찌하여 퉁소 소리가 그리 슬픕니까?"
손님이 말했다. "달은 밝고 별이 드문데 까마귀와 까치는 남으로 날아가네.* 이는 조조의 시가 아니겠습니까? 서쪽 하구를 바라보고 동쪽 무창을 바라보고 산천이 서로 엉켜 울창하니, 이곳은 조조가 주유에게 곤욕을 치렀던 곳이지요. 그가 형주를 격파하고 강릉으로 내려와 물을 따라 동쪽으로 갔습니다. 배의 행렬이 천 리에 이르고 깃발은 하늘을 덮었으며, 강가에서 술을 마시며 창을 비껴들고 시를 읊었지요. 진실로 한 세대를 풍미한 영웅이었는데, 지금 그는 어디에 있습니까? 하물며 나와 그대는 섬에서 고기 잡고 나무를 베며, 물고기와 새우와 함께하고 노루와 사슴과 벗하며, 일엽편주를 타고 표주박과 술동이를 들어 서로 권하지만, 천지에 날아다니는 하루살이와 같고 망망한 바다의 좁쌀같이 미미할 뿐이지요."

우리 인생이 덧없이 짧음을 슬퍼하고 장강의 무궁함을 흠모하여 신선을 끼고 한가로이 노닐며 밝은 달을 안고 오래 가고자 하나 얻을 수 없음을 알기에, 소리를 슬픈 바람에 실어 보내는 거라오."

소자초연蘇子愀然 정금위좌이문객왈正襟危坐而問客曰 하위기연야何爲其然也 객왈客曰 월명성희月明星稀 오작남비烏鵲南飛 차비조맹덕지시호此非曹孟德之詩乎 서망하구西望夏口 동망무창東望武昌 산천상무山川相繆 욱호창창鬱乎蒼蒼 차비맹덕지곤어주랑자호此非孟德之困於周郎者乎? 방기파형주方其破荊州 하강릉下江陵 순류이동야順流而東也 축로천리舳艫千裏 정기폐공旌旗蔽空 시주임강釃酒臨江 횡삭부시橫槊賦詩 고일세지웅야固一世之雄也 이금안재재而今安在哉 황오여자어초어강저지상況吾與子漁樵於江渚之上 려어하이우미록侶魚蝦而友麋鹿 가일협지편주駕一葉之扁舟 거포준이상속舉匏樽以相屬 기부유어천지寄蜉蝣於天地 묘창해지일속渺滄海之一粟 애오생지수유哀吾生

◆ 조조의 〈단가행短歌行〉 일부-옮긴이

之須臾 선장강지무궁羨長江之無窮 협비선이오유挾飛仙以遨遊 포명월이장종抱明月而長終 지불가호취득知不可乎驟得 탁유향어비풍托遺響於悲風

소동파가 말했다. "손님은 물과 달을 아시오? 강물이 흐르기를 이처럼 전부 흘러가버린 적이 없고, 달은 저처럼 찼다 기울기를 반복하나 갑자기 소멸하거나 늘어나지도 않는다오. 무릇 변하는 쪽에서 그것을 보면 천지는 한순간이라도 멈추는 것이 불가능하고, 변하지 않는 쪽에서 그것을 보면 사물과 내가 모두 다함이 없는 것이니, 부러워할 것이 뭐가 있겠소?

또한 천지간에 물건은 제각기 주인이 있으니 나의 소유가 아니라면 털끝 하나라도 함부로 취해서는 아니 되거니와, 오직 강 위의 시원한 바람과 산 사이의 밝은 달은 귀로 들으면 소리가 되고 눈으로 보면 그림이 되니, 그것을 취해도 금지하는 이가 없고 사용해도 없어지지 않습니다. 이는 조물주의 무궁무진한 보물이기에 그대와 내가 함께 누릴 것들입니다."

소자왈蘇子曰 객역지부수여월호客亦知夫水與月乎 서자여사逝者如斯 이미상왕야而未嘗往也 영허자여피盈虛者如彼 이졸막소장야而卒莫消長也 개장자기변자이관지蓋將自其變者而觀之 즉천지증불능이일순則天地曾不能以一瞬 자기불변자이관지自其不變者而觀之 즉물여아개무진야則物與我皆無盡也 이우하선호而又何羨乎! 차부천지지간且夫天地之間 물각유주物各有主 구비오지소유苟非吾之所有 수일호이막취雖一毫而莫取 유강상지청풍惟江上之清風 여산간지명월與山間之明月 이득지이위성耳得之而爲聲 목우지

이성색目遇之而成色 취지무금取之無禁 용지불갈用之不竭 시조물자지무진장야是造物者之無盡藏也 이오여자지소공적而吾與子之所共適

손님이 기쁘게 웃으며 잔을 씻어 술을 다시 따르니, 포와 과일은 이미 없어지고 술상은 어지러워졌다. 두 사람은 선상에 누워 동쪽 하늘이 밝아옴을 알지 못했다.

객희이소客喜而笑 세잔경작洗盞更酌 효핵기진肴核既盡 배반랑적杯盤狼籍 상여침자호주중相與枕藉乎舟中 불지동방지기백不知東方之既白

_《전적벽부》

장생불사

《적벽부赤壁賦》의 핵심은 퉁소를 부는 손님과 소식의 대화이다.

퉁소를 부는 손님은 조조를 그리워하며 풍경을 감상한다. 조조는 삼국시대의 영웅이자 문학가로, 한 세대를 풍미했던 그를 따를 자가 없었지만 죽은 후에는 모든 것이 사라져버렸다. 사람은 결국 죽기 마련인데 천하에 군림하며 패권을 잡았다 한들 무슨 의미가 있을까? 물론 조조는 워낙 위대한 업적을 남겼기에 오랜 세월이 흐른 뒤에도 우리는 그를 알 수 있다. 또한 적벽에서 유람하며 묘사한 정경을 통해 당시 조조의 풍모를 상상할 수 있다. 그렇다면 우리는 어떨까?

통소를 불던 손님이 말한다. "하물며 나와 그대는 섬에서 고기를 잡고 나무를 베며, 물고기와 새우와 함께하며 노루와 사슴과 벗하고, 일엽편주를 타고 표주박과 술동이를 들어 서로 권하지만, 천지에 날아다니는 하루살이와 같고 망망한 바다의 좁쌀같이 미미할 뿐이지요."

평범하기 그지없는 우리는 자연에서 태어나 자연으로 돌아간다. 우리가 죽고 나면 과연 누가 우리가 이 세상에 왔었다는 점을 기억해 줄까? 죽은 후에 모든 게 사라져버린다면 살면서 우리가 기울인 모든 노력이 과연 무슨 의미가 있을까? 우리는 이렇게 짧은 인생에서 도대체 무엇을 추구하는 것일까?

"우리 인생이 덧없이 짧음을 슬퍼하고 장강의 무궁함을 흠모하여 신선을 끼고 한가로이 노닐며 밝은 달을 안고 오래 가고자 하나 얻을 수 없음을 알기에, 소리를 슬픈 바람에 실어 보내는 거라오."

이에 손님이 한 가지 염원을 밝힌다. 자신이 장강으로 변해 밝은 달을 마주보며 언제까지나 사라지지 않기를 바라는 것이다. 인간이 영원히 죽지 않는 생명을 얻으면 눈 깜박할 사이에 사라지는 모든 일을 무한 반복할 수 있다. 지금 꽃이 지더라도 내년에 다시 피어나며, 내년에 꽃이 져도 내후년에 다시 피는 것처럼 말이다. 이렇게 한 해 한 해 반복하면 세상의 모든 유한한 것은 언제까지나 사라지지 않으며, 모든 것을 하나도 놓치지 않고 누릴 수 있을 것이다. 이런 인생이야말로 풍요롭지 않겠는가.

손님의 말을 통해 소식이 독자들에게 사색해보기를 권한 인생은 무엇일까? 우리가 영원히 살 수 있다면 위에서 읽은 적벽의 유람 부분은 완전히 다른 의미를 가진다. 오늘 우리가 만나서 즐거운 시간을 보내지만 내일은 각자 흩어져서 다시 만날 일이 없을 것이다. 그야말로 "이 정이 어찌 추억되기만을 기다릴까, 당시에도 이미 망연하였거늘◆"이다. 그러나 우리가 영원히 산다는 사실을 알고 앞으로도 계속 만날 수 있으며 모든 즐거움을 무한히 누릴 수 있음을 안다면, 이별할 때 슬플 일이 무엇이며 가장 즐거운 순간 낙담하며 허전해할 일이 무엇이겠는가.

이처럼 모든 것을 가질 수 있으면 우리의 짧은 일생은 사라지고 말 꿈이 아니다.

●

관점의 차이

소식은 "그렇지요. 인생은 눈 깜박할 사이에 지나가니 마치 한바탕

◆ 차정가대성추억지시당시이망연此情可待成追憶只是當時已惘然, 이상은의 〈금슬錦瑟〉-옮긴이

꿈과 같습니다. 꿈을 꿀 때 비로소 우리에게는 아무것도 없고 모든 것이 결국 사라진다는 사실을 깨닫게 되지요. 그러나 사실은 우리가 자신을 잘못 알고 있었기 때문에 꿈을 진실이라고 착각하게 된 것은 아닐까요?"라고 묻는다.

소식은 보통 사람들이 말하는 '보이는 것'과 '보이지 않는 것'의 차이를 지적한다. 보통 사람들에게는 장강의 물이 동쪽으로 끊임없이 흘러가는 것으로 보이며, 그보다 더 위대한 순환 과정은 보이지 않는다. 사실 물은 출발한 곳으로 돌아가 그곳에서 또다시 흐르기를 반복한다. 마찬가지로, 사람들은 달이 찼다가 기우는 과정을 보지만 달 자체는 늘거나 줄지 않는다는 사실은 알지 못한다.

우주도 이와 같다. 학창 시절 배운 질량 보존의 법칙을 생각해보자. 우주의 에너지는 변하지 않고 고정되어 있다. 따라서 한쪽에서 에너지가 만들어지면 다른 쪽은 소멸된다. 다시 말해 우주에는 한 번도 진정한 생성과 소멸이 발생했던 적이 없었다.

우리는 인생이 짧은 것만 생각하지 죽은 뒤에 자연의 일부로 돌아가 계속해서 살아간다는 점은 생각하지 못한다. 소식은 이에 대해 두 가지 관점을 제시한 것이다.

'변하는 것'과 '변하지 않는 것'은 결코 상대적인 개념이 아니다. 우리가 변화를 외면하고 굳이 '변하지 않는' 관점을 선택할 이유는 없다. 모든 건 변한다는 생각은 개인의 좁은 시야에서 비롯된다. 인생은 태어나서부터 죽을 때까지 돌이킬 수 없는 일련의 과정이고 죽으면 모든 것이 사라진다고 느끼는 것이다. 하지만 변하지 않는다는 관점은 우주의 시야에서 출발한다. 우주의 관점으로 볼 때 모든 것은 끊임없이 반복되며, 탄생과 죽음에는 시작이 없다. 시작이 없으니 모든 것이 사라지는 일 또한 있을 수 없다.

우주가 존재하는 한 우리는 언제까지나 소멸하지 않는다. 그러니 뭣하러 불로장생을 바라는가? 우주의 관점에서 보면 우리는 영원히 사라지지 않는 하나의 분자이며 오직 지금 이 순간이 중요할 뿐이다.

물론 이런 의문을 제기하는 사람도 있을 것이다. 왜 굳이 개인의 관점에서 벗어나서 생각해야 하느냐고. 그냥 우주의 관점을 거부하면 안 되느냐고. 물론 그럴 수도 있다. 그러나 이는 사실상 자신의 내적 성장을 외면하는 태도라고 생각한다. 우리가 우주의 관점으로 사물을 대하는 법을 공부하지 않으면 영원히 좁은 시야에 갇혀 있을 뿐, 결코 어른으로 성장할 수 없다.

•

무궁무진한 보물

소식은 손님에게 "부러워할 것이 뭐가 있겠소?"라고 되묻는다. 손님이 말한 흠모의 대상은 과연 누구였을까? 아마 장강일 것이다. 우주의 이치에 몸을 맡기면 장강처럼 "흐르기를 이처럼 하나 전부 흘러가버린 적이 없게" 되며, 이미 사라지지 않는 존재가 되었으니 장강을 부러워할 필요가 전혀 없다는 말이다.

흠모의 대상이 조조였을 수도 있다. 손님은 자신이 평범한 인물이어서 조조처럼 공을 세워 후손들에게 이름을 남길 수 없고, 그래서 "조조의 무궁함을 흠모한다"고 말한다.

물론 조조가 한 세대를 풍미한 영웅이지만 그 역시 죽었으며, 명성이 남았다 해도 후세 사람들에게 이야깃거리를 만들어준 정도에 불과하니 굳이 부러워할 필요가 있을까? 소식의 말에는 조조의 공은 위대하지만 조조 또한 자신의 존재감을 부각시키기 위해 살았던 아이 인간에 지나지 않는다는 의미가 담겨 있다.

세속적인 시각으로 보면 조조는 분명 위대한 인물이고, 우리처럼 평범한 사람들은 별 볼 일 없는 존재이다. 그러나 우주의 관점에서 보면 우리처럼 평범한 사람도 가장 위대한 존재로 거듭날 수 있고, 조조가 가장 미미한 존재가 될 수도 있다. 가장 앞선 이가 가장 뒤떨어지고, 가장 뒤떨어진 이가 되려 가장 앞설 수도 있는 것이 우주의 이치이다.

소식이 이어서 말한다. "또한 천지간에 물건은 제각기 주인이 있으니, 나의 소유가 아니라면 털끝 하나라도 함부로 취해서는 아니됩니다."

이 말은 조조에 대한 풍자로 해석해야 한다. 조조야말로 천하 만물을 자기 손에 넣으려고 한 대표적 인물이기 때문이다. 그는 미지의 세계를 두려워했기 때문에 눈앞에 보이는 것을 손에 쥐려고 애를 썼으며, 그것으로 자신의 안전과 부를 확보하려 했다. 그러나 세상의 이치를 전적으로 믿고 그 안에서 자유롭게 살았다면 작은 이해득실에 매번 초조해하며 마음 졸이지 않아도 된다. 이처럼 아이 인간은 눈에 보이는 것은 뭐든 가지려 하고, 그것으로 자신의 가치를 증명하려 한다. 반면 어른 인간은 의미 없다고 판단하는 것들을 내려놓고 우주와 조화를 이루려고 애를 쓴다.

뭔가를 독차지하겠다, 장악하겠다는 마음을 내려놓으면 온 세상에 보물이 있음을 발견할 수 있다. 우주는 이미 우리가 태어난 순간부터 지금까지 우리에게 필요한 모든 것을 제공했다. 그러나 조조 같은 사람에게는 절대로 그 이치가 보이지 않는다. 이러한 점을 깨달아야 진정 풍요로운 삶을 살 수 있다.

소식은 손님에게 가장 직접적인 답을 제시한다. 불로장생 같은 것은 필요하지 않으며, 모든 것을 소유할 필요도 없다고 말이다. 우리는 이미 그것을 갖고 있으며 그저 누리기만 하면 된다. 적벽 유람은 우주가 우리에게 선물한 보물이다. 설사 조조가 천하를 손에 넣는다 해도 그는 우리가 이 순간 누리는 즐거움을 절대로 이해하지 못할 것이다.

"손님이 기쁘게 웃으며 잔을 씻어 술을 다시 따르니, 포와 과일은 이미 없어지고 술상은 어지러워졌다. 두 사람은 선상에 포개어 누워 동쪽 하늘이 밝아옴을 알지 못했다."

설사 보잘것없는 인생이 구름처럼 사라지고 함께했던 즐거운 순간이 다시 돌아오지 않는다 해도 아무 상관없다. 세상 이치에 자신을 맡기고 자연을 벗 삼아 지내다 보면 우리도 생각지도 못했던 어느 순간에 장강에 흘러든 빗물처럼 다른 모습으로 다시 만날 수 있지 않을까.

호수의 물이 마르면 물고기는 다른 물고기에게 거품을 내뿜고 물기를 전달하며 서로의 몸이 마르지 않게 한다. 그래도 물이 충분한 곳에서 서로의 존재를 잊은 채 유유히 헤엄치던 때보다 못할 것이다. 지금 이 순간에 충실하면서 확실하지 않은 것은 그저 세상 이치에 맡기면 된다. "이 정이야 어찌 추억되기만을 기다릴까"라고 할 필요가 없다. 이 넓은 세상에 바다가 얼마나 깊은지 굳이 알려 하기보다 잊고 지내는 편이 낫다.

부록 4

인생에 거창한 의의 같은 건 없다

《장자》 사상으로 다시 읽는 왕희지의 《난정집서》

영화 9년 계축년 3월초, 회계군 산음현의 난정에서 수계 행사가 열렸다. 많은 선비와 젊은이, 노인이 모였다. 이곳에는 높은 산과 험준한 고개, 무성한 숲과 울창한 대나무가 있으며 맑은 물이 흐르는 개울이 좌우로 띠를 이루었다. 흐르는 물에 술잔을 띄우고 순서대로 자리를 잡으니 비록 성대한 풍악은 없어도 술 한 잔에 시 한 수로 그윽한 정을 나누기에 충분했다. 이날은 날씨가 맑고 봄바람은 더없이 따스했다. 고개를 들어 우주의 넓음을 우러러보고 고개를 숙여 문물의 홍성함을 살폈다. 경치를 둘러보며 마음에 품은 생각을 펼치니 보고 듣는 즐거움을 충분히 누리기에 참으로 기쁘기 그지없었다.

영화구년永和九年 세재계축歲在癸醜 모춘지초暮春之初 회어회계산음지난정會於會稽山陰之蘭亭 수계사야修禊事也 군현필지群賢畢至 소장함집少長鹹集 차지유숭산준령此

地有崇山峻嶺 무림수죽茂林修竹 우유청류격단又有淸流激湍 영대좌우映帶左右 인이위류상곡수引以爲流觴曲水 열좌기차列坐其次 수무사죽관현지성雖無絲竹管弦之盛 일상일영一觴一詠 역족이창서유정亦足以暢敍幽情 시일야是日也 천랑기청天朗氣淸 혜풍화창惠風和暢 양관우주지대仰觀宇宙之大 부찰품류지성俯察品類之盛 소이유목빙회所以遊目騁懷 족이극시청지오足以極視聽之娛 신가락야信可樂也

무릇 사람들이 어울려 한평생을 살아가되, 어떤 이는 벗을 마주하여 회포를 나누고 어떤 이는 자신의 마음을 대자연에 맡기며 유람한다. 비록 나아감과 물러남이 다르고 고요함과 시끄러움도 다르지만, 자신의 처지에 만족하며 잠시나마 원하는 바가 이루어지면 기쁘게 자족하며 장차 늙어 죽는다는 것을 잊는 법이다.

흥이 극에 달하면 권태로움을 느끼고 감정이란 세상사에 따라 변하는 것이니, 감흥 역시 단지 그에 따라 일어나는 것이다. 예전의 기쁨도 잠깐 사이에 곧 시들해지니 더더욱 감회를 느끼지 않을 수 없다. 하물며 목숨의 길고 짧음이 비록 하늘에 달려 있다 해도 결국에는 죽음에 이르는 법, 옛사람이 "삶과 죽음은 중대한 일"이라 하였으니 어찌 비통하지 않을까.

부인지상여夫人之相與 부앙일세俯仰一世 혹취제회포或取諸懷抱, 오언일실지내悟言一室之內 혹인기소탁或因寄所托 방랑형해지외放浪形骸之外 수취사만수雖趣舍萬殊, 정조부동靜躁不同 당기흔어소우當其欣於所遇 잠득어기暫得於己 쾌연자족快然自足 부지노지장지不知老之將至 급기소지기권及其所之旣倦 정수사천情隨事遷 감개계지의感慨系

之矣 향지소흔向之所欣 부앙지간俯仰之間 이위진적已爲陳跡 유불능불이지홍회猶不能不以之興懷 황수단수화況修短隨化 종기어진終期於盡 고인운古人雲 사생역대의死生亦大矣 기불통재豈不痛哉

옛사람이 감흥을 일으켰던 까닭을 살펴볼 때마다 마치 하나로 맞춘 듯 들어맞으며, 그들의 문장을 보면 탄식하지 않은 적이 없고 가슴에 와 닿지 않은 적이 없다. 그런즉 삶과 죽음이 하나라는 말이 얼마나 헛된 것이며 장수와 요절이 같다는 말이 거짓임을 알겠다. 후세 사람들이 오늘의 우리를 보는 것도 지금 우리가 옛사람을 보는 것과 같으리니, 슬프기 그지없다.

이에 오늘 모임을 가졌던 사람들이 그 술회를 시로 적었으니 비록 후세에는 세상이 달라져도 감회가 일어나는 까닭은 하나이다. 후세 사람이 이 글을 보면 또한 느끼는 바가 있으리라.

매람석인흥감지유每覽昔人興感之由 약합일계若合一契 미상불임문차도未嘗不臨文嗟悼 불능유지어회不能喻之於懷 고지일사생위허탄固知一死生爲虛誕 제팽상위망작齊彭殤爲妄作 후지시금後之視今 역유금지시석亦猶今之視昔 비부悲夫 고열서시인故列敘時人 녹기소술錄其所述 수세수사이雖世殊事異 소이흥회所以興懷 기치일야其致一也 후지람자後之覽者 역장유감어사문亦將有感於斯文

_《난정집서》

•

자족의 불가능성

왕희지는 《난정집서》를 통해 《장자》와 대화를 나눈다. 이는 마지막 단락 "그런즉 삶과 죽음이 하나라는 말이 얼마나 헛된 것이며 장수와 요절이 같다는 말이 거짓임을 알겠다"를 통해 알 수 있다. 그러나 이 문장에 담긴 많은 의미는 곱씹어볼 가치가 있다.

첫째, 왕희지는 곽상郭象의 주해를 통해 《장자》를 이해했다. 곽상은 〈제물론〉에 나오는 "천하에 추호의 끝보다 큰 것은 없으며 태산은 작은 것이다. 요절한 아이보다 더 오래 산 자가 없으니, 그에 비하면 팽조도 요절한 셈이다"에 대해 이렇게 주해를 달았다.

"무릇 형체로 비교하면 큰 산은 가을 동물의 털보다 크다. 각자 성정이 있어 사물이 극에 달하면 기우는 법이니, 형체가 크다고 결코 남지 않으며 형체가 작다고 결코 부족하지 않다. 각자 그 성정에 족하면 비록 추호秋毫라도 반드시 작다고 할 수 없고 큰 산이라도 반드시 크다고 할 수 없다. (……) 주어진 상태에 만족하며 그 생명을 받아들이면 천지라 할지라도 수명에 만족하지 않고 나와 더불어 살 것이며, 만물이라 할지라도 그 다양함에 만족하지 않으면 나와 더불어 얻을 것이다. 천지의 생명이 어찌 더불어 살아가지 못하고, 만물의 얻음이 어찌 하나로 일치되지 않겠는가.

곽상은 모든 사람의 수명은 다르며, 요절과 장수의 차이도 당연히 존재하지만, 우리가 다른 사람과 비교하지 않고 자신에게 주어진 수명을 받아들이며 충실히 살아간다면 굳이 백세를 누리는 사람을 부러워할 필요가 없다고 이해했다.

그의 말대로라면 앞으로 살날이 몇 년 밖에 남지 않아도 남은 시간 동안 만족하며 삶을 충분히 영위할 수 있다. 백세를 살며 장수해도 만족할 줄 모르는 사람보다 몇 년이라도 주어진 수명에 만족하는 사람이 훨씬 풍족한 인생을 살 수 있다. 따라서 요절과 장수의 기준은 그가 얼마나 오래 살았느냐가 아니라 자신의 인생에 얼마나 만족하면서 살았는지 여부에 달려 있다.

그런데 왕희지는 이 말이 그럴듯하게 들리지만 실제로는 그렇지 않다고 말했다. "자신의 처지에 만족하며 잠시나마 만족스러워하면 언젠가 늙어 죽는다는 법을 잊게 된다. 물론 누구에게나 즐겁고 만족한 순간이 있다. 만족할 당시에는 자신의 남은 수명을 고려하지 않으며, 언제 죽을지에 관심이 없다. 그러나 이런 상태는 지속되지 않는다. 핵심은 '잠시'에 있다." 왕희지는 모든 만족은 잠시라고 주장한다.

"흥이 극에 달하면 권태로움을 느끼고 감정이란 세상사에 따라 변하는 것이니, 감흥 역시 그에 따라 일어나는 것이다."

가진 것에만 만족하는 사람은 시간이 지날수록 더 이상 기존의 것에 만족하지 못하고 권태를 느끼게 된다. 이때 그 사람의 내면에는 말할 수 없는 공허함이 몰려온다. 늘 외부의 가치를 추구하다 보면 오히려 진정한 만족을 얻지 못한다. 많이 가질수록 부족하다는 느낌이 들고 노력할수록 헛수고를 했다는 생각이 든다. 이것이 인간의 본성이다.

우리는 살면서 얼마나 많은 시간을 외부의 가치를 좇는 데 빼앗기는지 모른다. 그 가치가 사랑일 수도 있고 사업일 수도 있고 자녀일 수도 있다. 우리는 이런 요소를 통해 삶의 의미와 성취감을 얻으며 자신의 가치를 증명하려 하지만 그 순간 '과연 내가 무엇을 추구하고 있나? 나는 대체 무엇 때문에 살아가나?'라는 의문이 생기게 마련이다.

"예전의 기쁨도 잠깐 사이에 곧 시들해지니 더더욱 감회를 느끼지 않을 수 없다."

예전에 좋아했던 것이 어느 순간 몹시 낯선 존재로 느껴질 수도 있다. 나는 과연 무엇 때문에 귀중한 시간을 낭비하며 여기에 매달렸을까? 이게 무슨 의의가 있지? 온전히 나를 위해 1분 1초라도 살아 본 적이 있나?

"하물며 목숨의 길고 짧음이 비록 하늘에 달려 있다 해도 결국에는 죽음에 이르는 법, 옛사람이 '삶과 죽음은 중대한 일'이라 하였으니 어찌 비통하지 않을까."

우리가 그토록 열렬하게 추구할 가치를 찾고 싶다면 자신의 내면에 귀 기울이는 것이 좋지 않을까? 이때부터야 우리는 자신을 돌보고 내면의 고요함과 안정을 추구하며 진정 자신을 위해 살 수 있다. 물론 왕희지는 이에 대해서도 의문을 제기한다. 내면에 충실하는 삶을 산들 또 어떤 의미가 있느냐는 것이다. 설사 우리가 자신을 위해 인생을 살아간다 해도 언젠가는 죽게 마련이고, 오래 살든 일찍 떠나든 언젠가 죽는다는 사실은 변하지 않는다. 결국 타인을 위해 살든나 자신을 위해 살든 양쪽 모두 아무런 의의가 없다는 것이다.

이처럼 왕희지는 끊임없이 의문을 제기한다. 모든 것이 영원하지 않고 언젠가 사라져버린다면, 과연 세상에 의미 있는 일은 무엇이고 평생을 바쳐 추구할 가치는 또 어디 있냐고 말이다. 정답은 '없다'이다. 그렇다. 인생에는 거창한 의의가 없다. 왕희지의 진정한 애통함은 바로 여기에 있다.

•

여전히 따뜻한 마음

《장자》는 인생은 결국 꿈이며, 꿈에서 보고 듣는 모든 것은 의의가 없다고 주장한다. 우리가 꿈속에서 경험하는 모든 것을 현실로 여기고 득과 실, 화와 복, 귀함과 천함, 요절과 장수에 엄청난 차이가 있다고 생각해 자신의 하루하루가 이런 것들의 제약을 받게 내버려둔다면, 절대 진정한 자유를 누릴 수 없다. 이런 요소들이 한갓 꿈에 불과하다는 사실을 눈치 챘다면 우리는 잠에서 깬 후에도 더 이상 꿈의 영향을 받지 않을 것이다. 그리하여 '형태는 시든 나무와 같고 마음은 불 꺼진 재와 같은' 상태가 되면 설령 눈앞에서 산이 무너진다 해도 눈 하나 깜박하지 않고 태연할 수 있을 것이다.

왕희지는 이를 인정하지 않았다. 그는 이것이 꿈일 리가 없고 꿈일 수도 없다고 생각했다. 그 이유로 자신의 마음이 여전히 따뜻하다는 사실을 들었다.

"옛사람이 감흥을 일으켰던 까닭을 살펴볼 때마다 마치 하나로 맞춘 듯 들어맞으며, 그들의 문장을 보면 탄식하지 않은 적이 없고 가슴에 와 닿지 않은 적이 없다."

인생이 꿈과 다를 바가 없다면 우리는 어째서 위인들의 작품을 보면서 이토록 감동할까? 우리의 마음이 불 꺼진 재와 같다면 옛사람과 어떻게 예술을 통해 공감할 수 있을까? 이는 결코 불가능하다. 설령 모든 것이 가상이라 해도 따뜻한 마음만은 진실로 존재한다. 왕희지는 옛사람의 마음과 나의 마음이 함께 뛰는 것을 느끼면서 모든 것이 죽어도 마음만은 결코 죽을 수 없다고 생각했다.

"그런즉 삶과 죽음이 하나라는 말이 얼마나 헛된 것이며 장수와 요절이 같다는 말이 거짓임을 알겠다." 여기서 '그런즉'이란 '확실하다'라는 의미이다. 왕희지는 끊임없이 질문을 던진 끝에 스스로 '삶과 죽음이 하나'이며 '장수와 요절이 같다'라는 말이 이론적으로는 성립될 수 있지만 우리가 살아 있는 인간으로서 삶과 죽음, 장수와 요절에 무관심할 수 없음을 확인한다.

그는 반드시 불로장생을 추구해야 한다고 주장하지 않았다. 그런 것은 아무 의미가 없기 때문이다. 그보다 중요한 것은 설령 우리가 이 모든 것이 무의미하다는 사실을 알더라도 우리의 마음이 꺾이지 않고 여전히 따뜻하다는 사실이다. 그저 따뜻한 마음으로, 의미 같은 것에 너무 집착하지 않고 묵묵히 주어진 생을 살아내는 것, 이것이 바로 삶의 진정한 의의라고 왕희지는 주장했다. 왜냐하면, 우리는 인간이기 때문이다.

"후세 사람들이 오늘의 우리를 보는 것도 지금 우리가 옛사람을 보는 것과 같으리니, 슬프기 그지없다. 이에 오늘 모임을 가졌던 사람들이 그 술회를 시로 적었으니 비록 후세에는 세상이 달라져도 감회가 일어나는 까닭은 하나이다. 후세 사람이 이 글을 보면 또한 느끼는 바가 있으리라."

왕희지는 당시 그 자리에 모인 사람들이 쓴 시문을 모아 출판하기로 결심한다. 옛사람들이 자신에게 시와 글을 남겼듯이, 자신도 그 시대의 시문을 남겨 후세에 전하기로 한 것이다. 그는 왕조가 수없이 바뀌고 시간이 아무리 흘러도 사람들이 인생의 무의미함을 느끼는 시대라면 자신들이 남긴 글을 읽고 따뜻함을 되찾을 수 있을 거라 믿었다.

오늘 하루의 기쁨과 슬픔은 어쩌면 정말 한순간 꿈에 불과할지도 모른다. 그러나 글은 꿈의 결말을 전혀 다르게 바꿔준다. 글은 우리의 기쁨과 슬픔을 잘 담아서 천 년 뒤에 이 세상을 살아가는 독자에게 전하고, 독자의 마음에 또 다른 기쁨과 슬픔이 샘솟게 만든다.

마음과 마음이 이어지면 우리는 육체적 한계를 뛰어넘어 끝없이 연결될 수 있을 것이다. 인류가 존재하는 한 문자는 여전히 존재할 것이며, 우리 역시 존재할 것이다. 왕희지는 누군가 기억해주는 사람이 있는 한, 옛일은 결코 사라지지 않을 거라고 믿었다.

왕희지는 장자의 호탕한 기백에 미치지 못해 우주의 도를 깨닫지 못했고, '정이 천지에 귀의하는' 경지에도 미치지 못했다. 그러나 그는 사람과 글에 의지해 인문을 빛내고자 했다. 비록 영원히 꿈에서 깨어나지 못했지만, 그가 꾼 꿈의 결말은 그렇게 절망적이지 않은 듯하다.

● 참고문헌

제목, 저자, 출판사 순

- 〈분석심리학 사유 하의 역학해설 – 웨이더밍을 중심으로 한 고찰分析心理學思維下的易學詮釋-衛德明以衛德明爲考察中心〉, 차이위잉蔡育螢, 타이완대학교 중국문학연구소 석사논문
- 《각성한 후覺醒之後》, 타이베이, 즈요우즈추 출판사
- 《고행의 역량受苦的力量》, 아디야샨티Adyashanti, 즈요우즈추 출판사
- 《내재하는 영웅The Hero Within》, 캐롤 피어슨Carol S.Pearson, 리쉬 출판사
- 《논어와 중국사상 연구論語與中國思想硏究》, 탄자저, 탕산 출판사
- 《마크 트웨인의 미스터리한 이방인》, 마크 트웨인Mark Twain, 안후이런민 출판사
- 《세설신어 전소世說新語箋疏》, 위자시餘嘉錫, 중화서국
- 《영성의 깨달음은 당신이 생각한 것과 다르다靈性開悟不是你想的那樣》, 제드 맥커너Jed McKenna, 팡즈 출판사
- 《영성의 자아개전靈性的自我開戰》, 제드 맥커너, 팡즈 출판사
- 《영성의 충돌靈性沖撞》, 제드 맥커너, 팡즈 출판사
- 《영혼의 의자》, 게리 주커브Gary Zukav, 만부 출판사
- 《왕필집교석王弼集校釋》, 러우위리예樓宇烈, 화정서국
- 《유문 내의 장자儒門內的莊子》, 양루빈楊儒賓, 롄징 출판사
- 《장자 삼언의 최초 사용 및 메타 의의莊子三言的 創用及其後設意義》, 쉬성신徐聖心, 화무란 출판사

- 《장자가 불어를 한다면若莊子說法語》, 파비안 휴벨Fabian Heubel 외, 타이완대학 출판부
- 《장자기해莊子歧解》, 취다화崔大華, 중화서국
- 《장자내편 몽자가 함유한 의미 해석莊子內篇夢字意蘊試詮》, 쉬성신徐聖心, 화무란 출판사
- 《장자독본莊子讀本》, 황진훙黃錦鋐, 산민서국
- 《장자사강莊子四講》, 장 프랑수아 빌레터Jean-Franois Billeter, 중화서국
- 《장자주莊子注》, 궈상郭象, 이원인서관
- 《장자집해莊子集解》, 귀칭판郭慶藩, 완쥐안러우 출판사
- 《장자찬전莊子纂箋》, 첸무錢穆, 산민서국
- 《진정한 정심真正的靜心》, 아디야샨티, 즈요우즈추 출판사
- 《친밀한 관계 – 영혼으로 향하는 다리Relationship, Bridge to the Soul》, 크리스토퍼 문, 만부 출판사
- 《허기이유세虛己以遊世 – 장자 철학연구》(수정판), 한린허韓林合, 상우인서관
- 《형상사론形上史論》, 탄자저譚家哲, 탕산 출판사
- 《환상》, 리처드 바크Richard Bach, 팡즈 출판사

옮긴이
차혜정

서울외국어대학원대학교 한중통역번역학과를 졸업하고 베이징 대외경제무역대학에서 공부했다. 현재 가톨릭대학교와 서울외국어대학원대학교에서 중국어 통번역 강의를 하면서 출판번역 에이전시 베네트랜스에서 전문 번역가로 활동하고 있다. 옮긴 책으로 《시진핑》《한비자에게 배우는 처세술》《골드만삭스, 중국을 점령하다》《새로운 중국을 말하다》《위안화 파워》《화폐전쟁》《인류의 운명을 바꾼 역사의 순간들》《삼국지, 인간력》《헬로우, 한비자》《CEO의 생각을 읽어라》 등이 있다.

당당한 염세주의자

1판 1쇄 발행 2019년 12월 10일
지은이 염세철학가
발행인 오영진 김진갑
발행처 나무의철학
책임편집 이다희
기획편집 박수진 박은화 진송이 지소연 김율리 허재희
디자인팀 안윤민 김현주
마케팅 박시현 신하은 박준서 송다솔
경영지원 이혜선
출판등록 2006년 1월 11일 제313-2006-15호
주소 서울시 마포구 월드컵북로5가길 12 서교빌딩 2층
전화 02-332-3310 **팩스** 02-332-7741
블로그 blog.naver.com/midnightbookstore
페이스북 www.facebook.com/tornadobook
ISBN 979-11-5851-160-9 03140

• 잘못되거나 파손된 책은 구입하신 서점에서 교환해드립니다.
• 책값은 뒤표지에 있습니다.
• 이 도서의 국립중앙도서관 출판예정도서목록(CIP)은 서지정보유통지원시스템 홈페이지(http://seoji.nl.go.kr)와 국가자료공동목록시스템(http://www.nl.go.kr/kolisnet)에서 이용하실 수 있습니다.(CIP제어번호: CIP2019046637)